平気で他人をいじめる大人たち

見波利幸
Minami Toshiyuki

PHP新書

はじめに――大人のいじめの実態

私は長年カウンセラーとして、職場での「嫌がらせやいじめ」などの問題を扱ってきた経験から、職場においていじめをする人がだいたい一割程度いるという実感を持っています。「いじめ」というと、子ども同士がやるものというイメージを持たれる方も多いかと思いますが、いじめに子どもも大人も関係ありません。いじめは大人の社会でも存在します。指導という名のパワハラ、必要な連絡がもらえない、無視される、SNSでの誹謗中傷《ひぼうちゅうしょう》、周りの人は見て見ぬふり。なかには、いじめではなく犯罪、被害者が自殺を考えるに至った、というかなり深刻なケースまであります。

厚生労働省が行った調査によると、各都道府県の労働局などに設けられた「総合労働相談コーナー」に持ち込まれた「いじめ・嫌がらせ」の件数は年々増加しています。二〇一八年度は八万件以上にも及び、その数は十年前の二倍以上だと聞きます。

しかしこの相談件数が、大人のいじめの実態を表しているわけではありません。労働局に持ち込まれるのは、氷山の一角に過ぎません。労働局に相談する前に会社内で解決を図ろうとして、社内の相談窓口や人事に相談する人は、労働局に相談する人のおおよそ数十倍と言われていますから、低く見積もっても八〇万人はいます。

さらに、会社に相談するともっとひどい目にあうのではないか、大事になって居づらくなるのではないか、と考えてひとりで抱え込んでいる人は、その一〇倍以上いるだろうと推測されています。すなわち、およそ八〇〇万人もの人が誰にも相談できずに悩んでいるのです。いじめによって、メンタルや心身の不調をきたす人、自己肯定感の低下によってうつになる人、これらの不調によって休職や退職を余儀なくされる人など、いじめがもたらす影響は広範囲に及んでいます。

もはや、大人のいじめは一部の限られた人たちの話ではなく、社会全体で考えていかなければならない問題だということがわかるでしょう。

本書では「大人のいじめ」の具体例、いじめる人の精神構造、そして対応策を、丁寧に解説していきたいと考えています。

まず、いじめとは何かについて、定義しておきましょう。辞書の定義は、「一定の人間関係の下、心理的、物理的に影響を与える行為」とありますが、これだとあまりにも範囲が広すぎますので、本書では「相手の心情に思いを馳《は》せず、自分の考えや感情を優先し、相手に不快感を与えたり、傷つける行為」とのイメージで進めていきたいと思います。

第一章では、大人のいじめがなぜ起こるのかについて、心理面や社会的背景に注目して考察します。

第二章から四章では、大人のいじめの実態を知ってもらうために、これまで私がカウンセラーとして関わったいじめの実例を「感情型」「自己愛型」「他者利用型」の三つのタイプに分類して紹介します。そして、それぞれのタイプに合った対処法を提案していきます。

第五章では「傾聴」について取り上げます。傾聴を行うことで、いじめの辛さを軽減することができます。また、傾聴によって気づきが得られ、行動が変わることで人生そのものが変わっていきます。なぜ、人の話を聴くことで、自分の気持ちが楽になったり、人生が変わったりするのか？　そのように疑問に思った方には是非、私が日々ひしひしと実感している傾聴の力を知っていただきたいと思います。

本書が、今現在いじめを受け誰にも言えずにひとりで抱え込んでしまっている人、これまでいじめを見て見ぬふりをしてきた人、いじめを防ぐ立場にある人、さらには、いじめたことを悔やんでいる人にとって、何らかの助けとなれば幸いです。

平気で他人をいじめる大人たち——目次

第一章

大人のいじめはなぜ起こるのか

第二章

感情をコントロールできない人からのいじめ――感情型――

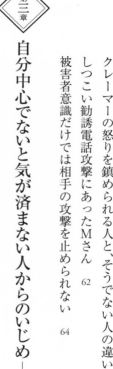

第三章

自分中心でないと気が済まない人からのいじめ――自己愛型――

第四章

人を利用することしか頭にない人からのいじめ―他者利用型―

第五章

一つの解決策としての「傾聴」

第一章

大人のいじめはなぜ起こるのか

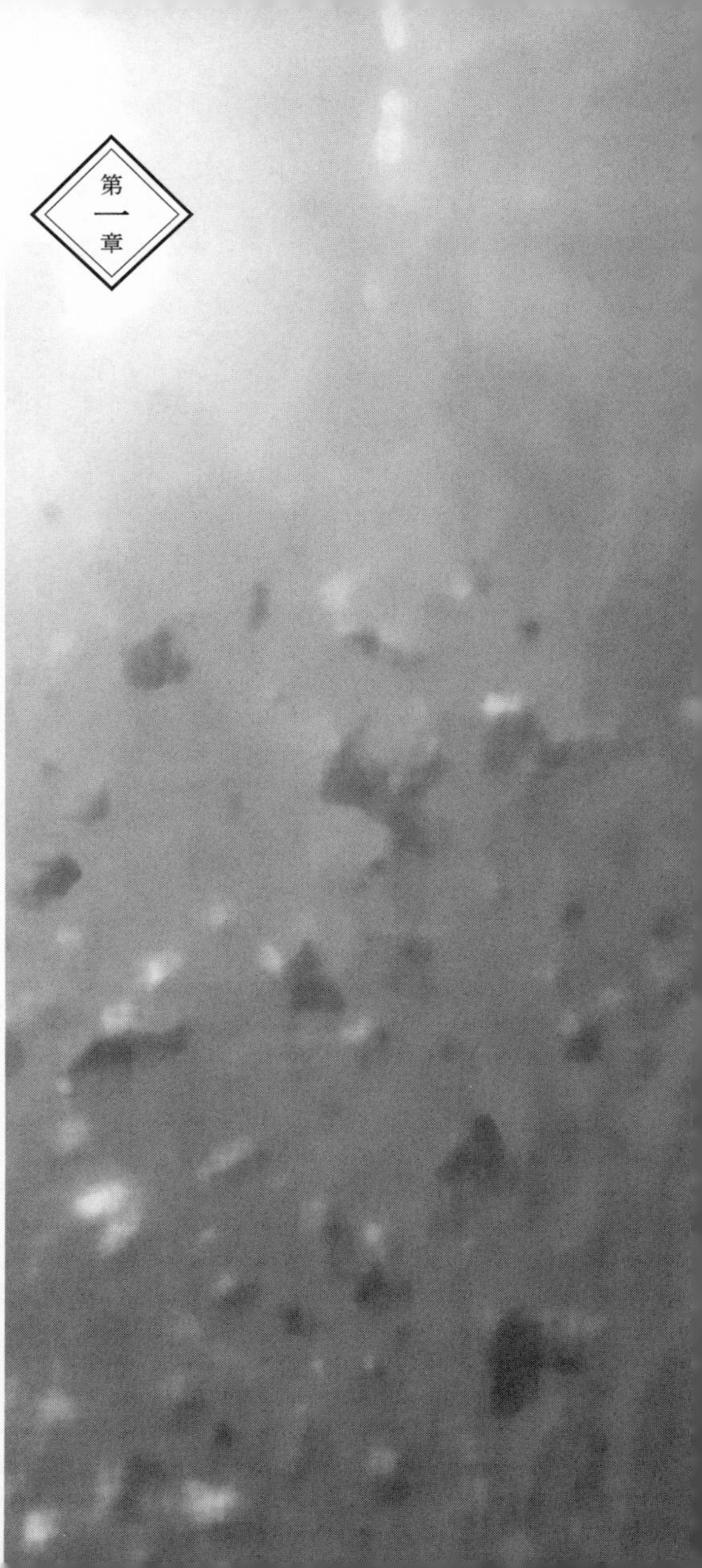

「一回だけ、人をいじめてしまった」というケースはほとんどない

私の仕事はメンタルヘルス研修・講演、カウンセリング、職場復帰支援など多岐に亘《わた》っていますが、その中で「危機対応」を行うときもあります。

「危機対応」とは何か？　たとえば、ある企業でパワハラが行われていて問題になっているとします。そのときに企業から、「うちの部署でパワハラが行われていて、メンタル不調者が後を絶たないから何とかしてほしい」といったような依頼を受けることがあります。

そういった依頼の場合、私が企業に出向いていってパワハラを行っている加害者、パワハラの被害者、その他関係者などからヒアリングを行います。つまり企業の問題に直接介入して、解決に向けて対応していくのですが、そのまま放置することで、深刻な事態になる可能性のある案件を危機対応と呼んでいます。

これまでにたくさんの企業に介入し危機対応を行ってきた経験から、加害者についてある共通点があることに気づきました。

それは何かというと、加害者のほとんどがいじめを繰り返し行っているという点です。ある特定の事柄に関して、ある人が一回だけいじめを行ってしまったというケースは稀《まれ》で、ほ

とんどの加害者が、過去に似たような問題を何度も起こしています。

たとえば、ある部下に対してパワハラを行っている上司は、その部下だけではなく、これまでにも何人もの部下に対してパワハラを行いメンタル不調にした挙句《あげく》、休職や退職に追い込んでいます。周囲の人はそのことを知っていますから「また、あの人が問題を起こした」、「あの人の下についた部下はみんなメンタル不調になって辞めていく」という目で見ているのです。

私のこれまでの経験から言うと、だいたい全体の一割くらいの人が「いじめ」を行っているという感触を持っています。もちろん職場風土や企業風土によって違いはあります。いじめを行う人たちに共通しているのは、パワハラだけ、セクハラだけをやっているわけではないということ。たとえば、新型コロナウイルスに感染した人やその家族、医療従事者に対して偏見や差別意識を持つ人や、同性愛者に偏見を持つ人、人種差別をする人、ＳＮＳで誹謗中傷する人。これらの人たちには、共通した問題点があります。

それは「他者に対して思いを馳せることができない」という点です。他者の気持ちを理解しようという気持ちや思いやりよりも、自分の気持ちを優先させているのです。

「自分が正しい」と思い込んでいる人の怖さ

そして、いじめをしている人たちの厄介《やっかい》なところは、多くの人たちが「自分は正しいことをしている」と思い込んでいる点です。

パワハラをしている上司は、部下をいじめているとは思っていません。部下を教育している、と思っています。「部下に対して厳しい指導をするのは、本人のためだ」とか「成長するためには、この厳しさが必要なんだ」と思い込んでいます。

「あなたの考え方が間違っているから、私が正してあげなければ」という、その人独自の正義に則《のっと》っていじわるをする人もいます。要は、「あなたの考えは間違っている。だからそれをわからせるためには罰を与えなければならない」と思っていじめているのです。

こういった人たちは、「自分が正しい」と思っていますから、人をいじめているという意識はありません。「自分が正しい」と思っているからこそ、自分の考えを前面に出してきて他者に押し付けます。

あるいは、「もしかしたら、これは教育ではなくていじめなのかな?」という思いが頭をかすめることがあったとしても、「いいや、やはりこれは教育。それに反抗してくる人が悪いから私は罰しているだけ」と自己を正当化することで、いじめ自体を正当化してしまう人もいます。

「自分が正しい」と思い込んでいる人は、「自分の価値観や考え方が絶対だ」というものさししか持ちません。でそこから少しでも外れた人は許すことができず、いじめるのです。

そもそも、世の中にはいろいろな考え方を持った人がいるのが当然なのに、そのことに思いが至りません。だから自分と同じ価値観を人に押し付けます。相手に対して思いやりが持てないというのは、つまりは相手の価値観や考え方を認められないということです。相手を認められないからこそ、「自分の考え」が前面に出てきてしまうのです。

たとえばコロナ禍《か》において登場した「自粛警察」。彼らは、新型コロナウイルスの感染拡大で、政府による外出自粛要請が続く中で、「自粛」に従わない人を責め、極端な場合、クラスターが発生した大学に脅迫電話をかけたり、県外ナンバーの車に傷をつけたりする人もいました。

みんなで力を合わせて危機を乗り切ろうとしているときに、従っていないように見える人たちは、和を乱して勝手な行動を取っているように感じるわけです。だから、それに従わない人は罰を受けるべきだ、自分たちは正しいことをしている、と思ったのです。

しかし「自粛警察」という名のもとに、普段なら抑えられる攻撃衝動を発散させている人もいます。そして彼らがやっていることは、社会から見れば何の正しさもありません。

職場やママ友、趣味のサークルなど、さまざまなところで起こっているいじめも、「自粛警察」と同じ構造です。自分が正しいと思い込んでいるからこそ、平気で人の気持ちを踏みにじることができるのです。

「歩み寄り」や「落としどころを探すこと」をしなくなった日本人

最近は「自分が正しい」と主張してそれに従わない人をいじめる人が、増えている気がします。

では「自分が正しい」と主張する人たちは、本当に自分の意見を持っているのでしょうか。誰かの借り物ではない「自分の意見」とは、自分の頭で考え抜いたあとに、ようやく出てくるものです。

そのように考えると、他者を思いやることができず、いじめても良心の呵責《かしゃく》を感じない人たちが、本当の意味での自分の意見を持っているのか、はなはだ疑問です。なぜなら、自分の頭で考えることができるのならば、当然、自分のことだけではなく他者に思いを馳せることもできるはずだからです。

「世間の常識」や「権威（自分の会社の上役、ボス的存在のママ友など）」に従って、権力者や世間の常識の代弁人となって力をふるっている人は、果たして自分の頭で考えているのでしょうか。自分とは違う立場の人々や、自分と違う意見を持つ人々の気持ちを想像することができる人こそが、自分の意見を持てるのだと思います。

では、権力者の言うことや世間の常識を自分の意見だと思い込んで、そこから外れた人を許さないと考える人が増えてしまったのはどうしてなのでしょうか。

その背景には、面と向かって議論することが少なくなったことがあるのではと推測します。

「自分が正しい」「これが世間の常識」と思っている人は、正面切って自らの意見を言うことは、あまりありません。それは本当に考え抜いた、その人の意見ではないからです。そして自分と違う意見や反対意見が出ると、「その意見は聞きたいとも思わないから、受けつけない。私には関係ない」と、話し合いの席に着こうともしません。

多くの人は、お互いの意見を面と向かってぶつけ合う経験を重ねることで、相手の意見を尊重すること、お互いの落としどころを見つけることの大切さを学んでいきます。しかし、昨今、面と向かって議論をする経験が乏しくなり、自分の意見が否定されたり、相手の意見を受け入れなければならなくなることに慣れていない人が増えているように思います。コロナ禍以降、対面で議論する場面はますます減ってしまいました。

自分たちと違うからいじめるという「同調圧力」

高度経済成長期やバブル期のように、努力すればそれに見合うだけの見返りがあった時代は、努力が報われる時代でした。人々は、未来は今よりももっといい時代になると本気で信じていました。

しかし今の時代は、努力をして一生懸命働けば必ず給料が右肩上がりになり、昇進に結び付く、という時代ではありません。だったら、努力なんかしないでそこそこの給料をもらって、プライベートで楽しみを見つければいい、と考える人が増えました。

そうなってくると、自分と自分の身内だけが大切で、その他の人のことはどうでもいいと考えるようになります。すると、他者と議論してお互いを理解しようとすることも面倒くさくなるというわけです。

でもちょっと待ってください。他者のことをどうでもいいと考えている人が増えているのならば、他の人が何をしようが関心がないわけですから、放っておけばいいはずです。それなのに、SNSで相手の意見をひたすら攻撃する人がいます。

つまりここでいう他者とは、二種類に分類されると思います。意見を言わない他者は、自分にとって人畜無害の存在。こういう人たちは、本当にどうでもいいので放っておく。けれど、自分の意見と合わない他者は、不快だから排除しようとバッシングをするわけです。

自分と意見が合わない人を不快だと感じるのは、同調圧力に近いかもしれません。

もともと日本人は、地域の共同体や職場などお互いに知っている人間でつくったルールの中で生活してきました。特定のピアグループ（社会的立場・境遇などがほぼ同じ人たちで構成されるグループ）内においては意思決定や合意形成を行う際、少数意見を言う人たちに対して、プレッシャーをかけて多数派の意見に合わせるように誘導するという同調圧力が働いていました。

社会全体が右肩上がりだった時代は、自分たちにしか通用しないルールを設けて、社内の意見を一つの方向性に統一させるという方針でも通用していましたが、平成・令和になるとそのような会社は時代の変化に対応できなくなり、倒産したり、吸収合併されたりしています。

これからの時代は、好むと好まざるとにかかわらず、自分たちのルールを守っていくだけではやっていけないのです。価値観を多様化させ、時代の変化に対応していかなければ、すぐにそっぽを向かれてしまいます。

自分と価値観や考え方が合う人間だけを大切にして、そこから外れた人のことは排除していじめるというのは、まさに他者に思いを馳せられない人がすることで、これからの時代には到底許されることではありません。

コミュニケーションを回避したがる人が増えた要因

前述したように、今の時代は他者と議論してお互いに理解を深めようという人は減っています。別の言い方をすると、他者とのコミュニケーションを回避する傾向にあるといっていいでしょう。

コミュニケーション回避の別の要因として、私は、幼少期の遊びの変化が影響しているのではないかと考えています。

私が子どもの頃（一九六〇年代）は、地域の子どもたちと一緒になってよく外遊びをしました。小学校低学年の子から中学生くらいまでと、遊び仲間の年齢も違えば家庭環境もさまざまでした。威張っている子もいれば、気の弱い子もいました。

年齢がバラバラだと、一緒に遊ぶ中でいろいろと工夫をします。小学校低学年の小さい子たちと遊ぶときは、大きい子たちにはハンディをつけたり、独自のルールを設けたりしました。自分たちで新しい遊びを考えたりするのも、楽しい試みでした。

子どもはいろいろなタイプの子と遊ぶことによって学びを得て、精神的に成長していくものです。それは大人になって、社会に出て働くようになってからも役に立ちます。職場にはさまざまなタイプの人間がいますから、子どもの頃からいろいろなタイプの人と付き合っていると自分とは意見が合わない人がいたとしても、話し合うことで何とか折り合いをつけていこう、という思考になります。

ところが今は（というか、もう何十年も前から）、子どもたちが外で遊ばなくなりました。子どもたちは、学校が終わったら塾や習い事の予定がつまっていて、遊ぶ時間がないのです。また、たまに遊んでいる子たちを見かけても、公園で二、三人くらいでゲームをしています。五人以上で、いろんな学年の子どもが一緒に遊んでいるという風景は、少なくなってきています。

大学生を対象に海外で実施された「心の理論の能力」を調べた結果によると、八〇年代から共感能力が下がっていると報告されたそうです。特に「共感的配置」と「対人関係における感受性」の能力が悪化しています。「共感的配置」とは辛い状況の人に共感できる能力。「対人関係における感受性」は、別の人間の価値観に則り、その人の視点で世の中を見る能力のことです。

心の理論の能力は、他人のしぐさや表情、行動などを繰り返し観察することで得られる能力ですが、人と人との直接的なコミュニケーションが減っていったことで、心の理論の能力が落ちたと言われています。

八〇年代に大学生だった人は、だいたい七〇年代に子ども時代を過ごしています。日本でも七〇年代あたりから、子どもたちは外遊びよりもテレビゲームをやる子どもが増えてきていますから、海外での調査結果と一致するでしょう。

七〇年代に子どもだった人の世代あたりから、他者とコミュニケーションを取ることが苦手な子どもが増えるようになったと言えるのではないでしょうか。その結果、心の理論の能力が落ち、他者とどう接していいかわからない人が増えてコミュニケーションを回避するようになったのでしょう。

相手によって態度を使い分けることはできない

以前よりも心の理論の能力が落ちて、他者に思いを馳せられない傾向にあるとはいえ、みんながみんなそうなるわけではありません。

多くの場合、成長していく過程のどこかで、共感能力や他者への思いやり、他者の視点で世の中を見る能力が育っていくものです。しかし、そのような機会に恵まれなかった一部の人たちは、平気で他者を傷つけます。

したがって、いじめの核の問題は「たまたまこんな出来事があったから、いじめにまで発展してしまった」というものではなく、いじめる人のキャラクターの問題なのです。

基本的に人は、相手によって態度を変えることはできません。

たとえば上司にはいい顔をして媚《こ》びへつらうけど、部下に対しては思いやりのかけらもない厳しい態度で接して、同僚にはフレンドリーに接するという人がいるとします。しかし、上司や部下に対する態度はいわば演技ですから、ふとしたときに本性が露わになってしまうものです。

人間というのは、そんなに器用なものではなく、相手によって態度を変えているつもりでも、どこかで素の自分が出てしまいます。裏を返せば、誰に対しても平等かつ誠実に接することを心がければ、素の自分が出てしまってもいつもと同じ態度でいられます。

「でも……人によって態度がまったく違う人はたくさんいますよ」と思っていらっしゃる読者の方は多いと思います。人によって態度を変えている人は、世渡り上手で得をしているところもあります。歯向かって吠えてくる犬よりも、懐いてくる犬の方がかわいいように、自分に媚びへつらう人の方がかわいいわけですから、媚びへつらう人に便宜を図ってしまうでしょう。

偉い人に媚びへつらう人の行動理論は、すべて「自分のため」です。自分の利益につながるから、偉い人に媚びを売る。同僚にフレンドリーに接するのも、自分が困ったときに味方になってもらったり助けてもらうため。でも部下に親切にしたり、部下を育てても自分にとってはあまり得にならないと考えて、優しくしないわけです。

自分の利益のために、「これは得」「これは損」と切り分けている人は、人生うまくいっているかもしれない。自分でもなかなかうまく世渡りができているな、と思うかもしれません。しかし誰かを犠牲にして得られるうま味を楽しむ人生は、本当に自分を幸福にしているのか？　もう一度考え直してみるべきでしょう。

本当の喜びを知っている人はいじめをしない

私は仕事柄、人事部の人たちによく会います。

現在、多くの会社の人事部に、共通している悩みごとがあります。「最近は、ほとんどの社員が仕事とプライベートをきっちり分けたがる」というものです。

特に若い人に顕著にあらわれている傾向だと聞きます。

彼らの理論は次のようなものです。仕事というのは辛くて大変なものだから、そこに自分の幸せを見出すことはしない。仕事は生活できるだけの給料をもらうところ。自分の幸せは、プライベートの中にある。

好きなアニメを見たり、ゲームをしたり、好きなもののグッズを集めたり、趣味に没頭したり、友達と飲みに行ったり、と好きなことにお金や時間を費やすことが幸せ。だから仕事で生きがいを感じたり、自己実現をしようなんて思わない、というわけです。

そういう人が増えるとどうなるのか。将来のビジョンが育ちません。

仕事でこんなことを実現したい、十年後にはこうなりたい、仕事で責任を果たして喜びを感じたい、部下から信頼される上司になりたい、自分の存在意義を高めたい、周りに期待されたい、もっと成長したい。そういうビジョンがまったく育たなくなります。そうなると、言われたことだけをする人になってしまう。果たしてそれが、本当にその人にとって幸せなのでしょうか。

今の時代は人生百年時代と言われています。職業人生も、これまで四十年くらいだったものが、四十五年、五十年と長くなっていきます。五十年といったら半世紀です。そのような長い期間、仕事において専門性を高めることもしない、周りの期待にも応えない、人間関係を構築する努力もしない、となるとどうなのでしょうか。

幸せは人それぞれと言いますが、自分の好きなことだけをやる人生が本当に幸せでしょうか。私はそうは思いません。好きなことをしていて得られる喜びもありますが、自分が何かすることで人の役に立てたり、人に喜んでもらえるという経験は、本人が思っている以上にうれしいものです。

よく作家や漫画家、ミュージシャンなどがファンの存在が自分の心の支えだと言っていますが、あれはファンへのリップサービスや自分の好感度のために言っている言葉ではありません。自分が書いた本で勇気づけられる人がいる、自分がつくった音楽で生きる力をもらえたという人がいる、本当にそういうことが、その人自身の喜びになるのです。

もちろん、作家やミュージシャンでなくても、人に幸福を与えることはできます。仕事で悩んでいる部下の相談に乗ったり、みんなで協力して一つのプロジェクトを成功させたり、家族の健康のために毎日の食事づくりに気を遣ったり。日常の中にも、喜びの種はたくさんあります。

そして本当の喜びとは何なのか、本当の幸福とは何なのかを知っている人は、基本的に人をいじめるような問題行動は起こさないものです。

ですから、他人をいじめてしまう人は、そのような喜びを知る機会がなかった人たちともいえます。そのような人たちに対しての行動原理を、どのように理解し、対処していけばいいのでしょうか。第二章から、私が実際に相談を受けた事例を取り上げて、考えていきたいと思います。

私の長年の経験から、いじめをする人は、おおまかに分けて三つのタイプに分類することができます。自分の感情をコントロールできない「感情型」、自己愛が強い「自己愛型」、他者を自分にとって使える人間かそうでないかでしか判断しない「他者利用型」です。

第二章では「感情型」、第三章では「自己愛型」、第四章では「他者利用型」についてそれぞれ実例をあげながら解説していきます。

第二章

感情をコントロールできない人からのいじめ——感情型——

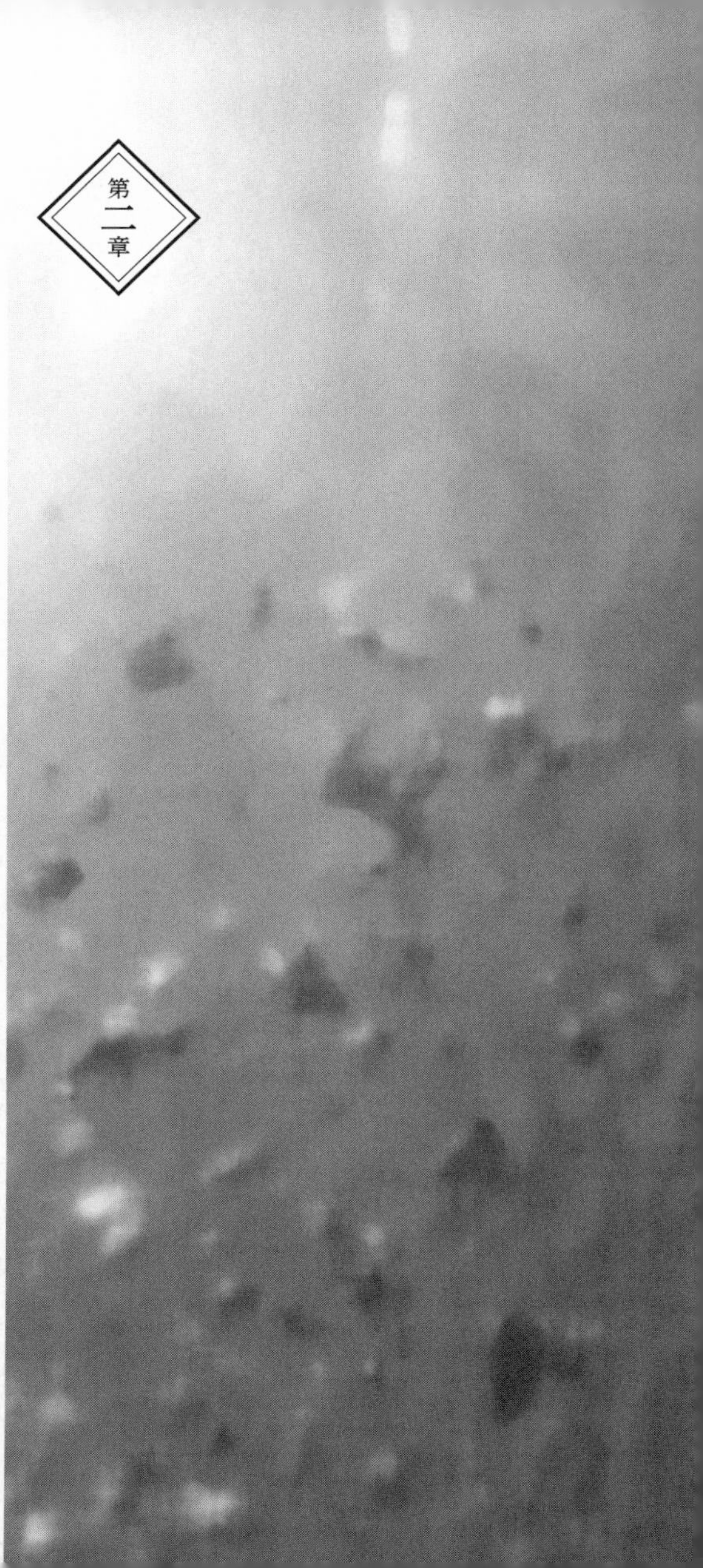

「言った言わない」問題が、大きな責任問題に発展

第二章では、自分の感情をコントロールできない人のいじめについて取り上げます。感情がコントロールできない人は、自分がその人を好きか嫌いかで物事を判断してしまうところがあります。

A子さんは、同僚のCさんから「嫌い」と思われたことから、いじめにあった人でした。A子さんの話によれば、Cさんに嫌われるようなことをした覚えは特にない、と言います。A子さんが嘘をついているのでしょうか。私の前に座って神妙な顔つきで話すA子さんは、少なくとも嘘をついているようには見えません。

ではなぜ、CさんはA子さんが嫌いなのでしょうか。これればかりはCさんに聞いてみるほかありませんが、ここで問題になっているのは、CさんがA子さんを嫌っていることではありません。というのは、たとえ相手のことが嫌いであっても、仕事上必要なことは、好き嫌いに関係なく伝えなければならないのは、社会人として当然のことだからです。

すなわち、Cさんのいじわるというのは、「必要なことをしない」という類《たぐい》のものでした。

この手のいじわるは、「言った、言わない」と双方で意見が食い違って、結局は水かけ論に

なってしまいがちです。

いじめの程度としては軽いとみなされがちですが、横行するのはいじめの手段としては簡単に誰でもできてしまうからでしょう。一見、軽いいじめのように見えますが、たった一つのことを伝えなかったことが、重大なミスに発展する恐れもあるため、軽視してはいけません。

また、罪悪感が薄いというのもこの手のいじめの特徴です。いじわるをする側は、ただ伝えなかっただけで、直接手を下したわけではないと思っているのです。よくあるいじめなのですが、罪悪感を持っていないということは、反省する気もないわけですから、かなり悪質といえるでしょう。

A子さんのケースに戻りましょう。二人の間にどんなことがあったのでしょうか。

A子さんは外回りの営業の仕事をしています。普段は得意先を回ることも多いのですが、新商品の販路を広げたい会社側は、得意先にこだわらずこれまで取引のなかった会社にも積極的に売り込むようにと指示を出していました。

そんなある日、飛び込みで営業をかけた会社から、商品を買ってもらえることになりました。ここのところ思うように仕事が取れていなかったA子さんは、ホッと胸を撫《な》でおろすと同時に少し得意な気持ちにもなったそうです。

社に戻ると早速、発注係のCさんに商品の発注を依頼しました。

数日後、商品がA子さんの手元に届いてもいいはずの時期なのに商品が入ってきません。取引先からも催促の電話がかかってきます。焦ったA子さんは、発注係のCさんに商品はいつ入ってくるのかを聞きました。するとびっくりしたことに、Cさんはそんな発注は受けていない、というのです。

そんなはずはありません。A子さんは「確かに、あの日Cさんに発注したはずなのに……」と心の中で思ったそうです。でも口頭での発注だったため、証拠はどこにもありません。Cさんに聞いていないと言われれば、それまでです。A子さんは自分の伝え忘れだったのかもしれない、と思うことにしてその場は引き下がりました。

Cさんが発注を受けていないというからには、ミスの代償はA子さんが払うしかありません。案の定、取引先はA子さんへのクレームと同時にA子さんの上司へも報告してきました。結果、A子さんは自分が新規開拓した取引先の担当から外され、別の社員によって引き継がれることになってしまいました。

Cさんはなぜそんなことをしたのか

ようやく新規の顧客を開拓したA子さんは、非常に悔しい思いをしました。でも、自分がCさんに書面で指示していなかったせいですから、誰を責めることもできません。すべて自分の責任です。そのミスからA子さんのモチベーションはすっかり落ちてしまい、仕事にも身が入らなくなりました。

そんなA子さんを見かねたのでしょうか。A子さんの先輩で同じく営業職の女性から、こんな話を聞かされました。

実はその先輩も、以前にA子さんと同じような目にあったというのです。先輩が営業で取ってきた注文をCさんに発注したところ、何日たっても商品が入らなかった。先輩がCさんに確認すると、彼女は「知らない。聞いていない」の一点張りだったそうです。

先輩は口頭ではなく書面でCさんに発注していたのですが、その書面は紛失していました。ですから発注の証拠はどこにもない。一旦はあきらめかけた先輩でしたが、数か月後に古いファイルの中から発注書が見つかります。ですがこのときには、ミスの原因はその先輩の伝達ミスだったという結論が下され、すべてが終わったあとでした。

しかし先輩は、Cさんが自分を陥《おとしい》れようとしてわざと紛失したのではないかと疑い始めます。そしてCさんの言動に注意を払っていると、どうやら自分はCさんに嫌われていることに気づいたといいます。

そのことに気づくきっかけになったのは、ほんの些細《ささい》なことでした。たとえば、朝挨拶《あいさつ》をしても、数回に一回は無視される。ある日、自分が気に入って買った服で出社すると、数日後にCさんもまったく同じ服を着てきたこともありました。社内の誰かが旅行のお土産を買ってきたとき、事務職のCさんなどが、それを受け取ってみんなに配るという決まりになっていましたが、営業で外に出ていた先輩には配られませんでした。

通常は、外に出ている人の分もメモと一緒に机に置いてあるはずなのですが、先輩の分はいつもないのです。営業の男性社員の机には「○○さんからのお土産です」というメモとともに置かれているのですが……。

「これはおかしい」と感じた先輩は、それとなく周囲の人にCさんの評判を聞いてみることにしました。すると、Cさんは本当は営業の仕事がしたくて入社したのに、事務職に配置されてしまい、それからは営業職の女性社員を嫌うようになったのだ、というのです。

相手に「嫌われてしまった」ときの対処法

Cさんのように、自分の好き嫌いでいじめをするタイプの人の背景に隠れている感情は、嫉妬《しっと》です。嫉妬に駆られて、自分が手にできなかったものを手にしているA子さんや、その先輩にいじわるをしたのです。

この種のいじめによって、会社の業績が落ちてしまうという話はたびたび聞きます。ですから、本来ならば会社全体で「言った言わない」問題に対処すべきですが、いじめ自体が発覚しにくいため、個人の裁量に任されてしまっているようです。

このように、一見気づきにくいいじめにはどう対処すべきでしょうか。

この手のいじめの多くの被害者が、「何か、おかしいな」とは感じるようなのですが、まさか自分が嫉妬されていて、そのためにいじわるされているとは夢にも思わないようなのです。ですが「おかしいな」と思った時点で、相手を注意深く観察したり、周りの人にそれとなくその人の評判などを聞いてみるなどしてみましょう。そうしないと、思わぬ落とし穴にはまってしまいます。

大切なのは、相手に恨みの感情を持たないことです。相手が自分を嫌っていることがわかったら、「ならば私だって相手のことを嫌ってやる」という感情を持ってしまいがちですが、そうした気持ちはすぐ捨て去った方がよいでしょう。

たとえば先ほどのA子さんは、先輩から聞かされたCさんの人を好き嫌いで判断する話を聞いて、とても嫌な気持ちになりました。

そこで「Cさんは嫌な奴だから、仕事で困ってても助けてあげない」「朝、挨拶されても無視してやる」というように、「目には目を、歯には歯を」という具合に報復してしまうと、A子さんの中のネガティブな感情が、増幅されてしまいます。

好き嫌いで人を判断する人は、相手が自分のことを好きか嫌いかに対しても敏感です。したがって自分に向けられたネガティブな感情を敏感に感じ取り、それに触発されて、もっとひどいいじわるをしてくる可能性は大いに考えられますから、相手の感情に乗せられてはいけません。

また「誰からも嫌われたくない」という考えは現実的には不可能ですから、たとえネガティブな感情を持たれたとしても、大きな問題に発展しないうちに自己防衛をしていくしかありません。

自己防衛の方法を具体的に説明しましょう。

まずは「世の中には、つまらないことでいじわるをする人がいるのだ」ということを知っておきましょう。その上で、自分はそういう人間にならないように、反面教師にします。

相手とは距離を保ちつつ（プライベートな話はしないなど）、相手を立てていきます。なぜ、相手を立てるのかというと、相手はあなたに嫉妬しているからです。嫉妬の感情は、自分が下手《したて》に出ることで相手の感情をある程度抑える効果があります。

「○○さんのおかげで業務が滞《とどこお》らず、いつも助かっています。ところでこの間発注した件はどうなりましたでしょうか？」「○○さんは、この件に関しては詳しいと思うんですけど、ここのところはこの方法でやってしまって大丈夫でしょうか？」などのように、相手に配慮し、丁寧に確認作業をしながら付き合っていく、というやり方がいいでしょう。

このように相手への配慮を重ねていくうちに、相手のネガティブな感情も少しずつ薄らいでいくことが期待できます。

年俸交渉の場でいきなりキレられたNさん

私がカウンセリングを担当したある会社でのことです。

Nさんという優秀な業績をあげている社員の方からの相談でした。Nさんはその会社で専門性の高い職種に就いていました。その会社では専門職種の社員に限り、年俸《ねんぽう》制が採用されています。わかりやすく言うと、プロ野球選手のように仕事でどれだけ成果を出したかでその年の年収が決まるということです。ですから極端な話、毎日昼から出社しても、成果さえあげていればいいわけです。

Nさんは入社以来十年間、毎年順調に年収を上げてきていました。

ところが十一年目、大きな変化が訪れました。それまでNさんの所属していた部署の年俸交渉は、社長直々に行っていたのですが、組織編制が行われて、社長に変わってやってきた部長によって行われることになってしまったのです。

その部長に年俸を決める権利が移って以来、ほぼ毎年成果を上げているのにもかかわらず、Nさんの年収は下がり続けました。

年収が下げられる理由も、到底納得できるものではありませんでした。一生懸命頑張って仕事の成果を上げ、部署自体の目標も達成した。それなのに、会社が減収減益したからという理由でNさんの給与は下げられました。翌年は、会社は増収増益になり、Nさんも業績に貢献しましたが、部としての目標が達成できなかったという理由で、やはりNさんの年収は下げられました。また別の年には、会社も部署も目標を達成したけれど、Nさんのパフォーマンスが少し目標には足りなかったからという理由で、またしても年収が下げられてしまったのです。

つまり「会社」と「部署」と「個人の成績」の三つすべての条件がクリアされなければ、年収は上がらない。これはなかなか厳しい条件です。三つの条件すべてがクリアされる年は、数年に一度くらいしか訪れません。

それでもNさんは、会社には会社の事情があるのだからと、これまで以上に懸命に働きました。そしてついにある年、三つすべての条件がクリアされました。

当然、Nさんは今までの苦労がやっと報われる日が来たのだと、意気揚々と部長との年俸交渉に臨みました。ところが……です。「君はもともと年収が高いんだから、今回も下げるしかないね」の一言。実はこのときNさんの家庭では、奥さんが病気になってしまい、どうしてもお金が必要な状況にありました。

普段は温厚なNさんですが、ここはどうしても言わなければ！と意を決して「部長、それはないですよ」と言うと、部長はいきなりキレて「ガタガタ言ってんじゃねえぞ！　たいした仕事もやってねえくせに、成果も出てない部下が何偉そうな口きいていやがる。バカヤロウ!!」と凄んだのでした。

これは別の社員の方に聞いた話ですが、部長の怒鳴り声があまりにもすさまじく、廊下にも響き渡るほどだったとか。その社員は、社外からクレーマーかあるいは反社会勢力か何かが乗り込んできて会議室で騒ぎを起こしているのではないかと、勘違いしたほどだったと言っていました。そのことは会社でちょっとした噂になりましたが、まさか部長がNさんとの年俸交渉で怒鳴りつけているとは誰も思わなかったそうです。

その後、Nさんと部長はどうなったのかというと……。

どうにもならなかった。Nさんは惨《みじ》めで情けない思いをしながらも、家庭のこともあるのでそのまま働き続けました。部長のいじめは発覚しないどころか、むしろ部長の評価は上がったくらいでした。

いたたまれなくなったNさんは、カウンセラーである私に相談してきたわけですが、話を聞くことはできてもカウンセラーという立場の私には、組織のやり方に介入するには限界があります。またNさんの悩みをほかの社員に話すことも、守秘義務のためにできませんでした。

部長の評価が上がったのは、Nさんの年収を上げないことで、結果的に部全体のコストカットにつながったことが要因でした。こういうことは、残念ながら企業ではよくあることです。

気性が激しく、喜怒哀楽の振れ幅が大きい

感情型の人は、感情の起伏が激しいために、いつ怒り出すかわからず、感情型の人が周囲にいる人たちは恐怖心にかられてビクビクする日々を送ることになるでしょう。

くだんの部長は、部下は自分の言うことをおとなしく聞いているものだと思い込んでいる人です。その部下が自分の言い分に異議を申し立てただけで、カッとなって頭に血が上り、怒鳴りつけました。気性が激しく、喜怒哀楽の振れ幅が大きい人です。

これがいい方に作用すれば、情に熱く、親分肌となるのですが、怒りのパワーが強いために、叱責や激怒、恨みなどの感情に流されてしまうことが多いようです。

本来ならば、部下がなぜ年収が上がらないことに不服を言ったのか、事情をきちんと聞くべきでした。その上で、事情を説明し「申し訳ないけれど、今回は業績を大幅に上げた人でも、業界全体の収益が下がっていて一律に年収が下がっているんだよ」などの説明責任を果たすべきでした。部下の家族が病気であれば会社の制度を利用して、介護休暇などを提案すべきだったのです。

部長がそうしなかったのは、部下を思いやる気持ちよりも、自分の部下を思い通りに動かしたいという気持ちが勝ってしまった結果だったのでしょう。

こうした上司が、基本的に感情の赴《おもむ》くままパワハラ行為をしていれば、会社として適切な対応を取らなければなりません。こうした場合の基本的な対応の順序を記します。

①被害者より、丁寧にヒヤリングをする。

②今後どのような進め方で臨むのか、被害者に説明する（調査範囲、開示できる内容と関係者の確認、おおよその日数、何を望んでいるのかの確認等）。

③関係者を調査する（行為者、被害者、上司、部門長、同僚、関係者等）。

④パワハラの事実が認められた場合は、会社での処分を検討する。

⑤被害者に結果を報告する。

⑥行為者に対して指導する。処罰する。

基本的な流れを記しましたが、もしこの一連の対応がされず、パワハラ行為者を野放しにしたり、業績のみを重視するようになってしまった場合は、会社の中でパワハラ行為が横行することになります。

「業務に必要だから」と本を読むことを強要されたBさん

某社のある部署に久々に新入社員が入ってきました。Bさんとしましょう。

上司は久々の新人ということもあって、Bさんを一から育てようとやる気満々だったそうです。そしてBさんに「この本、業務のためになるから読んでおきなよ」「この本もためになるぞ」「これは早く読んでおいた方がいいよ」と、毎日のようにBさんに本を渡していました。

そうしてひと月ほどもたつと、Bさんの机の上は上司から渡された本が山積みになりました。とてもすべてに目を通すことはできません。

Bさんにも、業務のことをもっと知りたいし、ビジネスについてもっと勉強したいという気持ちは重々あったのです。

しかし、就業時間中にのんびりと本を読んでいる暇はありません。読むとしたら、就業時間外しかないのですが、入社したてのBさんにとっては会社の仕事を覚えるだけで精一杯。家に帰ったら、疲労困憊《ひろうこんぱい》で本を読むどころではありませんでした。

そんなある日、上司はBさんの机に積んである本を見るなり叱責し始めました。
「お前、なんだこれは。俺への当てつけか！」「嫌がらせで俺が渡した本を積みっぱなしにしているのか！」と大変な怒りようです。Bさんには上司を怒らせるつもりなんてありませんから、ただただ困惑するばかりでした。

この上司には、Bさんをいじめているという感覚はありません。部下を立派に育てたいという、感情型の人特有の親分肌なところが出てきてしまっただけです。悪気はないのです。本人の視点では、ですが。

部下のBさんの立場から見ていきましょう。確かに上司の親切心はありがたいけれど、上司の「本を読んでおきなさい」という言葉は、暗黙の命令に等しいものがあります。業務中に本は読めませんから、プライベートな時間は本を読むことに費やさなければなりません。これは「サービス残業しろ」と言っているのと同じです。

しかも一、二時間で読めてしまうような内容の本ではありませんでした。Bさんは、休みの日に少しずつ読んではいたのですが、毎日本を渡されていてはとても追いつきません。仕事も覚えなければいけない、本も読まなければいけない。Bさんが追い込まれつつあったところに、上司の怒りの爆弾が落ちました。

その後、Bさんはうつ状態になって私のところを訪れたというわけです。

昼食時に髭を剃りながら話しかけてくる上司

先ほどの部下に本を読むことを強制した上司には、また別の逸話がありました。

その会社では、お昼はたいていの社員が業者にお弁当を発注して、各自自分の机で食べるのだそうです。その上司は、食べるのが早く自分が食べ終えると、髭《ひげ》を剃《そ》るという奇妙な習慣を持った人でした。

会社で髭を剃るだけでも、いかがなものかと思いますが、その上司はなんと髭を剃りながら、みんなの机を歩いて回り話しかけてくるというのです。しかも他の社員がまだ、お昼を食べている最中にです。想像すると笑ってしまうような光景ですが、実際に自分がそうされたらいかがでしょうか。自分が食べているお弁当の上に、上司の髭が落ちるかもしれない。それも毎日。お昼がなんともいえない苦痛な時間となるでしょう。

困ったことに本人には、またしても悪気がない。他者に対して無頓着なのです。悪気がないからいいのか、という問題ではありません。上司の行動が多くの人を不快にさせているのですから。これは人に対して思いを馳せる能力の欠如としかいいようがありません。

部下に本を読むことを強制したときも、お昼に髭剃りをしながら歩き回って話しかけることも、上司にとっては良かれと思ってやっていること（髭剃りをしながら話しかけるのはコミュニケーションのつもりかもしれません）。自分が正しいと思っている人をいさめるのは難しいことですが、悪気がないのであれば対策のしようはあります。

髭を剃りながら話しかけることを、みんなが嫌がっていることに気がついていない。あるいは、毎日本を渡すことを部下がそんなにも負担に思っているとは思いもよらない。こういう人に対しては、黙っているのではなく、はっきりとメッセージを伝えましょう。

「こうして本をいただけるのは、ありがたいことなのですが、普段は仕事で手いっぱいで読む時間が取れません。ですが、自分でも勉強したいと思っていますので、今度のゴールデンウィークにはできるだけ読み進めていきたいと思っています」といったように言えば、よほどの人でない限りはわかってくれるものです。

髭剃りに関しては、単に無神経でこちらの不快感に気づいていないだけ、という可能性もあるので、丁寧に抗議をすれば、素直に聞き入れてもらえるのではないでしょうか。

無頓着な人にとっては、お弁当の上に髭が落ちるくらいなんてことないことかもしれませんから、自分の不快感が伝わるように話せば、わかってもらえる可能性は高まります。

ただし感情的な人ですから、「あくまで丁寧に」が基本です。

子どものような嫌がらせを繰り返されたHさん

ある製造業の会社の話です。

その会社では、業務上の必要性から非常に高価な機械を導入することになりました。その高価な機械は、高い専門性を要するもので、何か月もかけてトレーニングを受けた人だけが使いこなすことができるという専用システムでした。

その専用システムは、トレーニングを受けた人が専門職のような形でひとりで運用していきます。そのシステム運用に抜擢《ばってき》されたのがG氏でした。ただ、このG氏は、いろいろと問題のある人物らしく、会社の中でも浮いた存在だったそうです。

どこの部署に行ってもうまくいかず、会社の方でも困り果てていた。そこで「ひとりで業務をこなす専用システムの専任にしてしまえば、人間関係のトラブルはないだろう」と踏んで選ばれた人物でした。

そんな理由で選ばれたせいでしょうか。

案の定、専用システムの運用はうまくいきませんでした。高い専門性を必要とする機械ですから、使いこなすのにもそれなりの知的レベルが要求されるわけですが、G氏はまったくといっていいほどついていけなかった。

困った会社側は、その機械を製造するメーカーから、Hさんをアドバイザーとして引き抜いてきて自社の社員として迎え入れました。Hさんはメーカーのスペシャリストですから、当然ながら、完璧に専用システムを使いこなします。そして前任者のG氏がシステムを使いこなせるように、丁寧に教えていきました。

しかし、事はそう簡単には運びませんでした。

G氏が操作していて、わからなくなるとHさんがG氏に変わって操作するのですが、そのときに必ずG氏は陰湿な嫌がらせをするのです。

専用システムにはキーボードもマウスも一つしかありません。その一つしかないマウスのボタンに、G氏は自分の鼻クソを塗りつけるそうです。キーボードには、真っ白になるくらい大量のフケを落としていく。

そうしておいて何食わぬ顔で、Hさんに「じゃあ、交代しましょう」と言ってくる。Hさんは仕方がないので、五分以上かけて専用の除菌シートで、汚染されたマウスとキーボードをきれいにしていく。そんな作業を来る日も来る日も繰り返したそうです。

「もう、限界だ」と感じたHさんは、事態が改善されなければ退職するしかないところまで追い詰められていきました。

幸いなことに、事情を話した上司が話のわかる人であったために、「あまりにも程度の低いバカな部下で申し訳ない」とG氏の代わりに謝罪してくれたそうです。

嫌がらせをしていたG氏は他部署に飛ばされ、代わりに新たな人がやってきました。この人は仕事の覚えもよくHさんの教えることを次々に吸収していき、短期間で専用システムを操作できるまでになったと聞きます。

逆恨みから暗室に呼び出され脅された上司

陰湿ないじめを繰り返したG氏には、こんな後日談があります。

G氏はHさんへのいじめが発覚したことから、上司によって、配置転換をさせられたことは先ほどお話しした通りです。G氏が配置転換されたことで、専用システムの方はうまくいきましたが、G氏の中では上司への恨みが日に日に募っていきました。

ある日、G氏は「話があるから」と上司を暗室に呼び出します。

この会社の製品の製造には、暗室を用いる過程があったのです。上司は言われるがままに、G氏が待つ暗室へ行きました。上司が暗室に入ると、なんとG氏は鍵をかけて、「なんで俺を代えたんだ！」「俺が納得できるように理由を説明しろ！」とものすごい剣幕で言い募ったのです。そのときの恐怖は、今思い出してもゾッとすると、その上司は後に私に語ってくれました。

なぜG氏がそのような暴挙に出たのか。配置転換によって自分の面目をつぶされて、感情がコントロールできなくなったからです。やっていることが非常に陰湿なのは、恨みの感情がふつふつと湧いていたためでしょう。

Hさんへのいじめも同じ感情です。G氏にとっては、「会社の中では誰も操作できない専用システムを任されている自分」というプライドがあった。「俺だけが知っている」からこそ、会社では大きい顔をしていられたわけです。

「それなのに、あのメーカーからきたHとかいうやつのせいで俺のプライドはズタズタだ」「俺が操作すると、ここが違う。そうじゃないと毎日うるさく言ってくる。許せない」「Hは自分の地位や価値を下げる人間だ。Hさえいなければ……」。このような感情に支配されたG氏は、Hさんが会社にいられなくなるように陰湿ないじめを繰り返しました。

さらにHさんをいじめても自分の思う通りにはならず、逆に配置転換させられてしまったことで、今度は上司を恨み暗室で脅《おど》したわけです。

私からは、被害にあった上司の方に次のようなことを伝えました。

まずは、暗室のような何をされるかわからない場所には行ってはならないこと。次に、たとえ会議室に呼び出されたとしても、一人で行ってはいけないことです。いじめをするような問題のある人間とは、二人きりで話してはいけません。たとえ、あなたが上司で向こうが部下だとしても、一人で対応すれば簡単に脅されてしまいます。

問題のある部下に話があると言われたら、必ず自分より上の上司に話してその人にも同席してもらうことが必要です。これは問題のある上司からの呼び出しでも同じです。

「込み入った話なんだろうから、私一人では判断できないから、上の人と三人で一緒に話し合いましょう」と言えば、いくら問題がある人でも承諾せざるを得ないでしょう。

部下をいじめても評価が高い人

本来ならば、感情のコントロールができず人に嫌がらせをするような人は、職場を乱しているわけですから、評価を下げるべきでしょう。

ところが日本の会社では、加害者を制裁することはほとんどありません。あっても人事異動程度で済まされてしまいます。訓告や始末書といった比較的軽い処分さえ行われません。ましてや出勤停止や賞与や給与の減額などのある程度重い処分ともなると、メディアが取り上げるなど、よほどのことがない限り実行されることはありません。

もちろん、スピークアップ制度（社内の通常の報告のルートとは異なり、匿名で情報を吸い上げる仕組み）などを活用して、現場の意見を吸い上げることを行っている企業もあります。それでも、本当にその制度が機能しているのかといえば、ほとんどしていません。なぜならば、通報した従業員の匿名性を守るといっておきながら、通報内容を関係者に話されてしまったりするからです。ひどいときには、経営層が通報があったこと自体を握りつぶしてしまうことだってあります。

また部下をつぶしてのし上がっていく上司の場合は、それなりに業績を上げている場合が多いのです。組織の中でのし上がっていく人は、部下よりも上司のことを気にかけます。部下と飲みに行くよりも、その人が課長であれば部長と飲みに行く機会が多い。そのようにして会社の上層部とのパイプを太くしていきます。

反面、部下へのケアやサポートに充《あ》てるはずの時間を上層部との付き合いに充ててしまうため、仕事のパフォーマンスが上がらない部下のことは「あいつは使えない」と切り捨てます。代わりに「できる部下」を配下に集めます。できる部下を配下に置けるのも、上層部との太いパイプがあるからこそできることです。

またこんな例もあります。課長が部下をいじめることによって退職に追い込んだり、給与カットなどを行えばそれだけ人件費が浮いて、その課長の評価が上がる。すると、その課を束ねている部全体の評価も上がり、部長の評価も高くなる。そして、部長は役員から目をかけられ、優遇されるのです。

つまりいじめをする上司に限って、業績を上げやすいという構造があります。その業績は部下の犠牲の上に成り立っているというのですから、何とも皮肉な話です。

多くの従業員は、そういう事情を知っていますから、自分や自分の周りでいじめがあっても、怖くて通報なんてできません。またスピークアップ制度などの社内通報制度を採用していない企業も数多くあります。

いじめの被害者は、そんな会社はいっそ辞めてしまえばいいのでしょうか。

一概に辞めた方がいいとは言い切れません。自分や家族の生活を維持していかなければならないし、次に入った会社にいじめがないかどうかなんて見極めることはできませんから。

ただ、一つ言えることがあります。長い目で見れば、いじめが頻繁に行われている会社はいつか破たんします。たとえば、上司が部下を犠牲にしている会社では、部下は育っていきません。部下が育たなければ将来会社を担っていく人物がいないわけですから、その会社に未来がないのは明白でしょう。

無理な注文でクレームをつけられたDさん

感情をコントロールできない人のいじめには、「クレーマー」や「しつこい勧誘」も含まれます。

まずは、クレーマーについての実例を見ていきましょう。

ある家電量販店の店員Dさんの話です。Dさんは法人用の高価なパソコンや周辺機器を扱う売り場の担当者です。ある日のこと、急ぎでサーバーを購入したいというお客さんが来店してきました。お客さんはとにかく早く欲しいと言っています。

Dさんが在庫を調べたところ、店舗には在庫がありません。そこでそのサーバーを扱っているメーカーに問い合わせたところ、非常に人気のある機種で生産が追いついていないため、納期は二週間ほどみてほしい、という返事でした。

そのことをお客さんに伝えたところ、

「え？　そんなにかかるの？　一週間くらいじゃないと困るんだよね。大事な仕事があるから」と嫌そうな顔をしたそうです。

「しかしですねお客様、申し訳ないのですがメーカーの方も生産が追いついていない状態でして、一週間というのはお約束できません」

「いやでもね。本当に十日過ぎたらこれいらないから。どうにかさ、一週間で納品してよ」

と食い下がります。

仕方がなくDさんは再びメーカーに問い合わせてみました。するとメーカーの人は、

「うーん。先ほども言いましたけど生産が追いついていないんで、二週間みていただければ確実に納品できるとお約束できるんですが……。ただ、もしかしたら生産が早くあがることもありますから、中には一週間で納品できるケースもありますけど、確実じゃありません。やはり二週間はみていただかないと」

Dさんはメーカー側の意向をお客さんに伝え、

「やはり、一週間というお約束はできません」と言いました。

それでもお客さんはまだ納得できないという顔をしています。困ったDさんは、

「うちとしてもできる限りは、努力させていただきますが、お約束はできません。それでも

よろしければ、ご注文ください」と言いました。

お客さんはしぶしぶ売買契約書を書いて帰っていきました。


やはりというべきか、サーバーは二週間後に店舗へ納品されてきました。

Dさんは、サーバーを注文したお客さんに商品が入荷されたことを電話で伝えたところ、相手はものすごい剣幕です。

「今さら入荷って、遅いんだよ‼ 大事な仕事で使うって言ったよな！」

「しかしそのようなことを言われましても、私共は二週間はかかるとお伝えしました。弊社に責任はないと思いますが」とDさん。

このDさんの言葉を聞いて相手はさらに語気を強めてきました。

「責任はないだと！ 俺の仕事はそれでどうなったと思う？ 間に合わなかったんだよ！おたくのせいで。責任とってくれよ。もちろん、それなりの賠償はしてもらうからな。今からそっちの店行くから首洗って待ってろ！」と言って電話は切れました。

受話器を持ったまま、固まってしまったDさん。その後Dさんから報告を受けたマネージャーが、代わりに対応することになりました。

お客さんは来店するなりDさんに向かって、賠償しろ、とわめきたてています。

そのサーバーは一台一〇〇万円以上する高価な商品ですが、お客さんはサーバーの代金だけでなく、そのサーバーがなかったことで間に合わなかった仕事についての賠償も求めてきました。その賠償額は、サーバーの二〇倍の金額です。

もちろん、店側が賠償する責任はありません。二週間で納品ということで契約していますから店側の責任ではないですし、サーバーがなかったから大事な仕事を逃したのも、店の責任ではありません。このお客さんはただの悪質なクレーマーです。

Dさんは、マネージャーの陰に隠れてビクビクすることしかできなかったと、そのときの状況を私に話してくれました。

そのマネージャーの方はすごく頭の切れる人で、適切な対応を行うことができる人でした。まずマネージャーはこう切り出しました。

「お客様が被《こうむ》った損害はお気の毒でしたし、会社の中でのお立場も理解できます。私共も、お客様がお困りになっている件については、ご期待に沿えず申し訳ない気持ちでおります」

と言って深々と頭を下げました。

マネージャーは頭を上げると、毅然《きぜん》とした態度で言いました。

「お客様がおっしゃるように、重要なお仕事でしたら、サーバーの納品が間に合うか間に合わないかというような、賭けをするようなお仕事の進め方というのは、プロとしてはどうなのでしょうか」と、怒鳴りつけてくる相手に冷静に話したそうです。そして、「サーバーの納期は二週間はかかるということで、ご納得いただいて契約をしていただいておりますので、賠償はいたしかねます」と。

クレーマーの怒りを鎮められる人と、そうでない人の違い

クレーマーというのは、どこでも一定の割合で存在します。多くの人たちが、クレーマー対応に頭を悩ませています。そして多くの人たちは、先ほどのマネージャーのように適切に対応できているとは言いがたいようです。それどころか不適切な対応をとって、火に油を注ぐ結果を招いています。

では、クレーマーの怒りを鎮《しず》められる人とそうでない人は、何が違うのでしょうか。

今の実例で言えば、Dさんは自分たちには責任がない、ということしか言いませんでした。Dさんの心の中はきっとこんな感じだったのではないでしょうか。

「こっちは二週間はかかるって言ったんだから。それで相手だって承諾しているんだから、

仕事がダメになったのはこっちの責任じゃない。ひどい言いがかりだ。もうこんなクレーマーには関わりたくない」

確かにDさんの言い分は、まったく理解できないことではないでしょう。

ただ何かにつけてクレームをつけてくるクレーマーは、もともと気性が激しいため、「責任はない」とだけ言われてしまうと、怒りがこみあげてきてしまうのです。

それではマネージャーの対応はどうだったのか、振り返ってみましょう。

マネージャーは、「お客さんはなぜ怒っているのか？」ということに焦点を当てて、相手の気持ちを理解しようとしています。お客さんが仕事で被害にあったことに対しての憤《いきどお》りの気持ち、そのことで会社の中での立場が悪くなって困っている気持ち。それらの気持ちを理解して受け取り、そして、自分がその気持ちを理解していることを、相手にきちんと伝えました。

人は怒りや悲しみの感情にさいなまれると、心のどこかで、「自分の今のこの気持ちをわかってほしい」と思うものです。そこで「相手が自分の気持ちをわかってくれた。寄り添ってくれた」と感じると、しだいに怒りや悲しみも収まってきます。

理不尽な要求をする人に対して、そういう人はどうにもならないからお手上げ、という態度ではなく、相手の気持ちを受け取ってあげてから、配慮と丁寧さを忘れずに徐々に問題の核心に迫っていけば、クレーマーと言われる人たちもわかってくれるものです。

しつこい勧誘電話攻撃にあったMさん

次の実例は「しつこい勧誘」についてです。

都内にマンションを持つ「大家さん」のMさんに実際に起こった出来事です。

Mさんは、老後の生活の足しになるようにと考えて、数年前に東京都内にマンションを購入し、借り手もすぐに見つかって家賃収入を得る大家さんになりました。ところが、マンションを購入してすぐにさまざまな不動産業者から頻繁に電話がかかってくるようになりました。電話の内容はいつも同じ、マンションを売らないかという勧誘です。

Mさんにはマンションを売る気はまったくありません。それでも相手は、しつこく勧誘の電話を繰り返してきます。

電話では、次のようなやり取りがなされたそうです。

不動産屋：「Mさんが現在所有していらっしゃる○区のマンションですが、売却予定はありますでしょうか？」
Mさん：「いえ、マンションを売る気はありません」
Mさんが電話を切ると、すぐにまたかかってきます。仕方なく電話応対します。
Mさん：「今はマンションを売る気はないって、言いましたよね？」
不動産屋：「いや、売らなくてもいいんですよ。ただ、話だけ聞いてください」
Mさん：「あなたと話す気はありませんから、失礼します」
でも、またかかってきます。
Mさん：「いい加減にしてください。迷惑です。売る気はないんですから」
不動産屋：「わかりました。では、いくらなら売っていただけますか？」
Mさん：「だから売る気はないですから。もうこの話はしたくない。もう二度と電話をかけてこないでくれ！」
Mさんがここまで言っても、またかかってきます。
あるとき、押しに根負けしたMさんは、相手の話を聞くことになってしまいました。
Mさん：「じゃあ、もうわかったよ。話を聞くよ」
不動産屋：「Mさんがお持ちのマンションでしたら、二〇〇〇万円で売れますよ」と最初は高い値段を言ってきますが、次第にいろいろな口実をつけて、ギリギリのラインまで値を下げて提示されました。

Mさんは最後には、自宅の電話線を引き抜いてしまったそうです。

被害者意識だけでは相手の攻撃を止められない

これはもう、嫌がらせ以外のなにものでもありません。電話は、昼夜を問わず、一日何十本もかかってきます。初めて勧誘の電話をすることはまだいいにしても、断って電話を切ってもすぐにかけてくる非常識さ、相手の迷惑を顧みない傲慢さは決して許されるものではないですね。ある人は、五社もの不動産業者から勧誘されていて、一つの会社から一日平均二〇本。五社ですから、合計で一日一〇〇回電話が鳴ることになります。普通の生活が営めなくなるくらいの頻度です。

あまり知られていないことですが、悪徳な不動産業者によって、何十万という人たちがこのような被害にあっています。彼らの商売は、マンション所有者から強引な手段で安く買い、リフォームを施してから、高値で転売してその差額で儲けるというもの。このやり方で売買を増やせば増やすほど、彼らは儲かりますから、売りたくない人からも強引な手口で売らざるをえないように仕向けるわけです。

このときに一番やってはいけないのが、しつこい勧誘を振り切ろうとして、強い口調ではねつけること。たとえば、「何度かけてこられても、売る気はねえよ。バカヤロウ！」とか「二度とかけてくるんじゃねえ！」といった言葉です。

こういう言葉を浴びせられると、逆に相手の感情に火をつけてしまい、どんなことをしてでも絶対に契約を取ってやろうという気持ちになってしまいます。とうとう最後には、根負けして相手の言い値で売ってしまう人もいます。

だからといって、いつも冷静に「すみません。売りません」の一点張りでも、勧誘はおさまりません。悪徳不動産業者の頭の中にあるのは、自分の今月のノルマをいかに達成できるかだけです。ですから、電話を受けた相手がどんな気持ちになるかなんて考えていません。

では打つ手はないのか、と言えばそんなことはありません。クレーマーの件のマネージャーがしたように、相手の気持ちに寄り添って、相手を受容することです。

私の知人は次のように話したところ、その会社からは、パタリと勧誘の電話がこなくなったそうです。

「あなたもね、こんな夜遅くに一生懸命何度も電話をかけてきて仕事に熱心なことはわかりました。ご苦労も多いかと思います。でも私はどんなに高い値段を提示されても売る気がないんですよ。そんな人間相手に何度も電話をかけて、無駄な努力を重ねるのは本当にストレスがたまると思うんですよ。第一、効率だって悪い。他を当たった方があなたにとってもいいんじゃないですか」と。

やはり、どんな悪徳な業者でも、自分の気持ちを汲んでもらえれば、溜飲《りゅういん》が下がるのではないでしょうか。

クレーマーもしつこい勧誘も、受けた側としては、「自分はひどい目にあっている」という被害者意識が働きますから、相手の気持ちに思いを馳せることができなくなってしまうのは仕方がないことだとは思います。しかし、被害者意識だけでは、相手からの攻撃を止めることはできません。

相手が悪質な手口でこようがどうしようが、まずは相手の気持ちに寄り添ってください。慣れないうちは難しいかもしれませんが、相手を思いやる気持ちだけが、相手の攻撃を唯一止められる手段になりうるのです。

第三章

自分中心でないと気が済まない人からのいじめ
―自己愛型―

女性社員Rからストーカー被害を受けたYさん

三十代で既婚男性のYさんは、同じ部署で働く女性社員Rから嫌がらせやストーカー行為を受けています。自宅まで尾行されることもあり、家族にも被害が及ぶのではないかと心配して、私のところに相談にやってきました。

Yさんは、すらりとした高身長で仕立てのよさそうなスーツがとても似合い、いかにも好青年という印象の男性です。いわゆるイケメンというやつでしょうか。これでは女性にストーカーをされても無理はないな、と思われる容姿なのです。私がする質問に対しても、淀みなく理論立てて答える様子を見ていると、きっと仕事もできて人望も厚いのだろうと想像できます。

問題のストーカー女性社員RとYさんは、同じ部署の先輩・後輩の関係でした。Rは入社三年目の若手社員です。彼女が入社したときに、新人の教育係として指導に当たったのが先輩社員のYさんでした。

Rは小柄でロングヘアの可愛らしい感じの人で、男性社員にも人気がありました。ただ仕事の覚えはよい方ではなかったため、彼女が何か失敗するとYさんがフォローするというようなことはよくあったそうです。それでも二人の関係は概《おおむ》ねうまくいっていました。

Rが入社して二年後のことです。Yさんの部署に女性の新入社員が入ってくることになりました。その新入社員の女の子は、Yさんの部署に配置される前から「数年ぶりの断トツに可愛い子」という噂がたつほどの美人でした。Yさんは、その美人の新入社員の指導係になりました。

その頃からでしょうか。RのYさんに対する態度が変わり始めたのは。挨拶をしても無視される。Yさんが仕事のことで何か聞いたときも、いかにも嫌そうな態度で答える。あるときなど、書類を落としてしまったRのために一緒に拾ってあげていたら、「何するんですか！」と睨《にら》まれ書類を奪い返されたそうです。

YさんにはRに嫌われるようなことをした覚えはないのですが、とにかく近くに寄っただけでも嫌がられるので、なるべく彼女のそばには行かないようにしました。

そんなある日、めずらしくYさんの席に近づいてきたRは、Yさんの耳もとでボソッとつぶやいたそうです。

「奥さんきれいな人ですね。死ねばいいのに」と。

その言葉を聞いたときの恐怖感は、今でも鮮明に覚えているといいます。

その言葉によって、Yさんは自分が彼女にストーカーされていたことに初めて気がついたそうです。Yさんはこれまで、Rに自分の奥さんの写真を見せたことなどありません。ということは、RはどこかでYさんの奥さんを見たということ。

どこで見たのか？　奥さんが会社に来たことはありません。となると、Yさんを自宅まで尾行しなければ、奥さんを見ることなどできないでしょう。それも一回尾行しただけでは、奥さんを確認することは難しいはず。きっとRはこれまでに何度も、Yさんをつけていた可能性が高いでしょう。

「もし、Rが妻に危害を加えるようなことがあったら……」。そう考えると、Yさんは夜も眠れなくなるほど心配になりました。

周囲からの賞賛を求め、常に優位な立場でいたい自己愛型の人

なぜ、RのYさんへの態度が急変したのでしょうか。

Yさん本人は気がついていないようですが、Rは新入社員の頃から優しく接してくれるYさんに淡い好意を持っていたのではないでしょうか。ただ、RもYさんが既婚者だということは知っていたはずで、奥さんから奪ってしまいたい、とまでは思っていなかったはずで

す。

Rの淡い恋心が激しい嫉妬に変わっていったのは、タイミング的にみてどうやら美人の新入社員の存在が関係していると思われます。

美人の新入社員が配属されると、Yさんは指導係としてRにしていたように仕事を教えます。そうなると、必然的にYさんがRに関わる時間は以前よりも減ります。それは仕方がないです。ですが、Rは自分と接する時間が減ったことで、激しい嫉妬を抱いてしまったのです。ただ淡い恋心を抱いていただけのYさんに対し、「奥さんきれいな人ですね。死ねばいいのに」という恐ろしい言葉を浴びせかけてしまうという言動は、Rは非常に自己愛が強いタイプだと言えるでしょう。

「妬《ねた》み」や「嫉妬」とは、「他人を羨《うらや》ましく思い、その分だけ憎らしいと思う感情」のことです。Rは最初、仕事ができて優しいYさんに憧れ、羨望のまなざしで見ていました。それが美人の新入社員の出現によって、Yさんの自分への評価が下がったように思え、急にYさんのことが憎らしくなり、いつしかYさんを恨むようになったのです。Yさんを取り巻く女性である美人の新入社員のことも、彼の奥さんのことも恨みの対象になっていったのでしょう。

自己愛型の人は、妬みや恨みの感情のほかにも、ナルシシズムの傾向が強いため常に自分が優位に立ち、賞賛されていたいと望んでいます。Rは新入社員の頃は、周りの男性社員にちやほやされていたため、彼女の自己愛は満たされていました。しかし、美人の新入社員が入ると、自分はみんなの賞賛の対象ではなくなってしまった。

このことは、Rにとっては許しがたい侮辱でした。侮辱を受けたと感じたRは、周囲の人たちを憎み、非難し、妬みや僻《ひが》みの感情からYさんに意地悪をしたのでしょう。

感情がジェットコースターのように変化する人たち

Rのように、最初は相手のことを尊敬や崇拝していたのに、状況が変わった途端に相手を憎むようになるというのは、感情の起伏が激しい証拠です。さらにストーカー行為まで行ってしまうあたり、かなり激しいタイプの自己愛型だと言えます。

たとえば、相手に少しでも優しくされると、自分の中で勝手に恋愛感情が盛り上がっていきます。「この人はなんて素敵な人なの」「こんなに優しくしてくれるってことは、もしかしたら私のことが好きなのかもしれない」と独りよがりになって、喜びの感情が急上昇します。

しかし何かのきっかけで、自分は相手に冷たくされている、嫌われていると感じると、一瞬のうちに感情がジェットコースターみたいに急降下するのです。「あの人は最低の人間だ」「絶対に許せない」「大っ嫌い」となって、徹底的に恨む。ネガティブな感情が増幅されていき、やがて相手を尾行して家を突き止めたり、私生活を暴こうとしたり、相手に向かってひどい言動を行ったりします。

こういう人に遭遇してしまったら、相手を正したり、諭《さと》そうと思ってはいけません。こちらが親切のつもりで取った行動でも、自己愛型の人にとっては自分への攻撃だと捉えてしまうのです。ですから、こういう人に対しては、距離を取るしかありません。

境界性パーソナリティ障害の領域に入る人も

もともと感情の振れ幅が大きい傾向にある人が、なんらかの要因によって、極端にネガティブな方向に感情を持っていくと、ひどい場合には「境界性パーソナリティ障害」と言われる病的な領域に入ってしまうこともあります。

境界性パーソナリティ障害とは、ものの捉え方や考え方が極端で、感情の振れ幅が大きく、感情や対人関係が不安定、衝動を抑えられないなどの特徴があり、周囲とのコミュニケーションがうまく取れません。結果として周囲を困らせてしまったり、本人も社会生活をうまく送れないことから、日々苦しむことになります。

具体的な症状としては、時に他者を理想化し過ぎ、時に他者を酷評するなど、対人関係の変動が激しくコミュニケーションが安定しません。境界性パーソナリティ障害の患者さんは、よほどの熟練カウンセラーや精神科医が治療に当たらないと、対処が難しい場合があります。

たとえば、カウンセラーが「なるほど、会社でそんなことがあったのですね。それは大変でしたね」「あなたの辛さはよくわかりますよ」と言って患者に寄り添って共感的な理解を示すとします。

すると患者側では「このカウンセラーの人は、私のことを何でもわかってくれる」「なんて素敵な人なんだろう。この人こそ、私がこれまで求め続けてきた人なんだ！」と、カウンセラーを理想化します。

次のカウンセリングのときに、「あなたは、そのときになぜ自分にも非があったと考えることができなかったんでしょうか？」「相手ばかり責めるのは、対等なコミュニケーションとはいえませんよ」などの助言を受けたとします。

そうすると相手への気持ちは一転。「この人も敵なんだ」と思い、「私の辛さをわかるとか言っておきながら、口先だけの最低な人間じゃない！」などといってカウンセラーに対して攻撃的になります。

ときに境界性パーソナリティ障害の患者さんの「地雷」はどこにあるのか、カウンセラーにもわからなくなることがあります。あるきっかけで嫌われてしまい、その後はずっと攻撃され続けたカウンセラーもいるほどです。

ただ、人格というのは「○○さんは境界性パーソナリティ障害だから、社会不適応者」といったように明確に線引きできるものではありません。たとえば、「いじめをする人」というカテゴリーの中でも、相手を自殺に追い込むほどの犯罪者レベルの人と、からかい程度のいじめを悪気なく行っている人を、一括りにすることができないのと同じです。

人格というのは、一番左が黒、一番右が白で、左に向かってだんだん黒くなっていくグラデーションのようなものです。次ページの図のグラデーションの一番右側（白色）は、「めったにいないほど優れた人格者」だとします。図の一番左側（黒色）は「罪を犯してもまったく罪悪感を感じない反社会的な人物」とすると、図の90に当たる人は、「犯罪者レベル」。75は、「犯罪まではしなくても、人を陥れたり、嫌な思いをさせても平然としていられる人」。

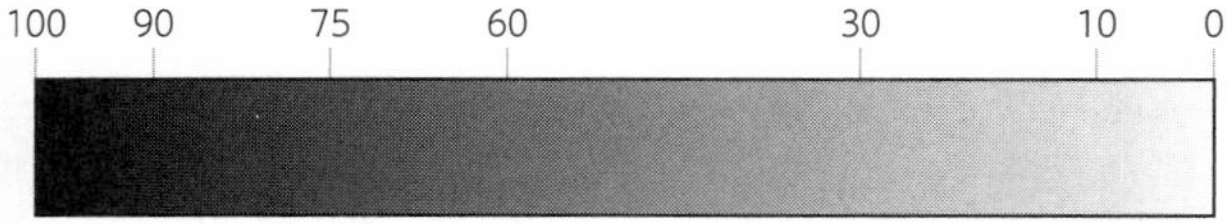

60あたりだと、「あの人ちょっと迷惑な人だよね、嫌な人だよね」と言われてしまうレベル。30くらいで「結構いい人、話を聞いてくれる人」。10くらいで「人のためなら自らを顧みず何でもやってくれる人」。グラデーションの図を用いると、このようにおおまかに人格を分類することができます。

でもこれはあくまで「おおまかに」であって、はっきりとした境界線はありません。あいまいな境界線の中で、なんとなくこのあたりの色はこんな人格の人という程度のものです。

つまり、人格とはグラデーションなのです。

境界性パーソナリティ障害の例で言えば、患者さんは他者を理想化するところがあったり、コミュニケーションがうまく取れないという特徴があります。しかし境界性パーソナリティ障害ではない人でも、程度の差こそあれ、多くの人が他者を理想化したり、コミュニケーションがうまく取れないということはあるものです。

パーソナリティ障害が疑われる人とは距離を置く

実は多くの人がおおまかな感覚として、グラデーションのどのあたりに今の自分がいるのかを自覚しています。意識して自覚しているというよりも、無意識レベルで自覚している感じです。

境界性パーソナリティ障害の人は、「自分がどういう人間なのかわからない」という感覚を抱いています。言い換えるなら、「自分がグラデーションのどのあたりにいるかわからない人」と言えます。

「自分がどういう人間なのかわからない」ということは、自己像が明確ではないため、常に気持ちが不安定で不安になりがちです。それゆえに、他者を理想化することで他者に頼ってしまったりする反面、感情が不安定なので相手が自分の思う通りにしてくれないと、攻撃的になってしまいます。

境界性パーソナリティ障害の原因は明らかになっていないのですが、幼少期に受けた虐待などの辛い体験、その後のさまざまな成育環境が影響していると言われています。

そういった環境で十年、二十年と生きていくうちにつくられた人格なので、短期間で治るものではありません。したがって、境界性パーソナリティ障害なのではないか、と疑われるような人と関わりあいになってしまった場合は、対処法が非常に難しいと言えます。先ほど書いたように、カウンセラーでも精神科医でも手を焼くくらいですから。

境界性パーソナリティ障害の専門家でない限りは、攻撃してくる相手を避けるしか道はありません。どうしても避けられない環境にいる人は、いかに相手と距離を取るかに専念するしかないでしょう。

「将来への期待」が持てる人は変わることができる

前述したように、境界性パーソナリティ障害は、幼少期の体験やその後の経験が影響して発症することが多く、治療には長い年月が必要になります。

とはいえ、今いる環境に適応できれば大幅に改善する可能性が高いことが、最近の研究でわかってきています。

今いる環境が良好だったり、患者に適していれば比較的安易に環境に適応できます。周囲の人間が患者に対して理解があったり、患者が今いる場所が居心地がいいと感じていれば、自己肯定感が高くなります。そうなってくると、今の自分がいるグラデーションよりも、いい方向側に行きやすくなります。

繰り返しますが、今いる環境に適応できても短期間ですぐによくなるというわけではありません。適応した環境に身を置いて、いい経験を何度も経ることによって症状が改善されていくのです。

反対に、今いる環境が辛い場所である場合。たとえば会社が倒産して経済的に困窮し、子どもが高校を中退しなければならなくなった。奥さんからは「あなたのせいで、私たち家族全員が苦労しなきゃいけない」と責められたりする。あるいは、上司が嫌な人で、いつも叱責や侮辱を受けている。

こういった環境に身を置き続けると、すべてが自分の責任のように感じられて、自己肯定感が下がり自信をなくしてしまいます。一方的に責められれば、相手に敵意を抱き、攻撃的な人格の方に振れていく可能性もあります。

しかしながら、今いる環境が劣悪だったとしても、みんながみんな症状を悪化させていくわけではありません。嫌な人と関わり合いになってしまったとしても、その人を反面教師にして「自分はその人みたいにはなりたくない」と思える人もいます。

また「自分を成長させていきたい」「よりよく生きていきたい」という自分の将来への期待を持てる人は、変わることができます。これは境界性パーソナリティ障害の人に限った話ではありません。

自ら成長したい、生きていれば必ずいいことがあるはずだと思える人は、どんなことからでも学ぶことができます。

仕事への姿勢でも「仕事なんて別に楽しくもない。時間とお金の交換に過ぎない」と割り切っている人は、人生を捨てているようなものです。そのような生き方をして、気がついたら定年退職を迎えていたけれど、まったく成長していなかった……そうした人はいくらでもいます。

働くことは、確かに辛く苦しい部分もありますが、その中でも職場の仲間と一緒に苦労して仕事を成し遂げたとき、自分自身の成長を実感するとともにみんなで協力することの喜びが感じられるはずです。あるいは、自分が指導した部下が一人前になったときは、自分が誰かの役に立てたことに幸せを感じるでしょう。

若い頃は、辛い経験が人を成長させると頭ではわかっていても、なかなか実感がわかないかもしれません。でも学生時代に部活動に打ち込んだこと、受験勉強に懸命に取り組んだことなどは、後々になって「ああ、そういうことか」としみじみと実感できるでしょう。

たとえば受験勉強にしても、勉強している教科だけを単に学んでいるわけではありません。勉強することを通して、「努力していくことの大事さ」や、「勉強すること自体が自分を成長させる機会」であること、「自らの人生を真摯《しんし》に生きる姿勢の大切さ」を学んでいるのです。

人生で経験するよいことも悪いこともすべて、「自己成長の場だ」と思える人は、本当に成長することができるし、生きる上で何が大切かをつかむことができます。

「上が言っていることだから」の連発

自己愛が強い人は、自分が優位に立ちたい、相手を思い通りにしたい、人を自分より上か下かで判断するといった傾向があります。自己愛型の中でもこの傾向が強い人は、目下の人への態度が高圧的であることが多いでしょう。

自動車メーカーの生産管理部に勤めるSさんは、直属の上司の口ぐせに悩まされています。

ある日の朝礼でのことです。

「来月から、うちが管轄している工場の生産ラインの見直しを行うことになりました。みなさんは、より一層の効率化にむけて準備をしてください」と上司が言ったそうです。

Sさんをはじめとする部下たちは、「なぜ、このタイミングで生産ラインの見直しをするのだろう?」」と疑問に思いました。というのも、来月は生産管理部の中でも特に忙しい時期であったことと、生産ラインの見直しは数か月前にすでに行われていてそれなりに効率化ができていたからです。

そこでSさんは、「生産ラインの見直しは行ったばかりですし、これ以上の見直しは、難しいのではないでしょうか?」と上司に質問しました。

すると上司はこう言ったそうです。

「これは上が言っていることだから。やるって決まったからには、やるしかないんだよ!」

Sさんは「またか……」と思いました。確か先月も先々月も、不可解な指示があり、その目的は何なのか、と上司に聞いたところ同じように「上が言っていることだから」とかわされてしまったのです。

Sさんは「そういえば、この上司の下についてからは、意見を言うたびに『上が言っていることだから』の繰り返しだったな」とため息交じりに振り返りました。

上司に「上が言っていることだから」と言われるたびに、何も言い返せない自分に腹が立つと同時に、「上司はああ言っているけど、本当に上が言っていることなのか? 上司自身の意向なのではないか」と勘繰ったりもしたそうです。

最近のSさんは、自分の意見をまともに取り合ってくれない上司とのやり取りに疲れ果て、仕事へのモチベーションがすっかり下がってしまったと言います。

相手の攻撃を抑えるコミュニケーションスキル

「上が言っていることだから」が口ぐせの中間管理職は、たくさん存在します。

では、「上が言っていることだから」が口ぐせの上司は、どんな人なのでしょうか。

「上が言っていることだから」と、何でも上のせいにしてしまうのは、「自分のことは、恨むなよ。恨むならその上を恨んでくれ」という卑怯《ひきょう》な態度の現れです。また、虎の威を借る狐と一緒で、上役の権力を盾にして優位な立場に立ちたいのでしょう。

「上が言っていることだから」のセリフは、実は大変強力なパワーワードです。

何せ、部下が何を言っても、その言葉さえ使えば、部下の追及をかわすことができるのですから。部下が上司に疑問や質問を投げかけても、「それは上が決めたことだから」「上が言っているからね」と言ってしまえば、部下は納得せざるを得ません。いうなれば、部下をねじ伏せるパワーワードなのです。

このようにして部下を支配下におきたいという欲求は、自分が優位に立ちたい、相手を思い通りにしたいという自己愛型の典型的思考でもあります。

では、そのように言われた部下は押し黙るしかないのでしょうか。先ほど、上司に「上が言っていることだから」と言われた部下は、納得せざるを得ない、と書きました。確かに会社組織に生きている以上、上からの命令には従うしかないのですが、パワーワードを使う上司に一矢《いっし》報いることはできます。

「上の意見はわかりましたが、あなたはどう思っているのですか？」と、上司に直接聞いてみるのです。「そんなこと上司に聞けるわけがない」と思うかもしれませんが、聞き方さえ注意すれば上司を怒らせることはありません。

たとえば、いかにも上司を疑るような目で「本当に上が言っていることなんですか？」とやってしまってはダメです。こんな聞き方をすれば、上司に目をつけられていじめの対象になってしまうかもしれません。

そうではなく、相手を気遣う気持ちを持って質問します。

「この件に関して、私は疑問があるのですが○○課長自身はどんなふうにお考えですか？」という聞き方ならば、相手が不快に感じることはないでしょう。さらにこのように、相手に配慮した聞き方をすれば、上司の方でも次からは安易に「上が言っていることだから」という言葉は使いづらくなるという効果もあります。

このように、相手の気持ちを尊重しつつ、自分の意見を素直に伝えることができる状態をアサーティブと言います。アサーティブなコミュニケーションスキルが身に付けば、理不尽なことを言ってくる人に対しても、相手の攻撃を抑えることができます。

アサーティブなコミュニケーションは、嫌なことをしてくる相手にこそ、最も使うべきスキルなのです。

メンタル不調者を何人出したかを競い合う人たち

私がメンタルヘルス研修の講師として呼ばれたある会社でのことです。

研修が始まる前にお手洗いに行くと、そこの社員とおぼしき四十代くらいの男性二人が大きな声で話しているのが聞こえてきました。盗み聞きをするつもりはなかったのですが、なにしろ大きな声でしゃべっているので聞きたくなくても耳に入ってきます。

二人の会話は次のようなものでした。

先輩Ａ：「今日は何の研修だっけ？」

後輩Ｂ：「メンタルヘルス研修ですよね〜」
先輩Ａ：「うわっ、めんどくせえ。受けたくないけど、上が受けろって、ほぼ強制だよなあ。しょうがないから受けるけどさ」
後輩Ｂ：「ですよねー。ダルいですよね」
先輩Ａ：「ところでさ、お前さあ今年に入ってから部下何人くらい不調になったの？」
後輩Ｂ：「今年に入ってからだと、まだ二人だけですね」
先輩Ａ：「俺なんか四人だよ」
後輩Ｂ：「へえー。さすがですね」
先輩Ａ：「お前は、まだまだ甘いんじゃないの」

二人の会話からもうおわかりいただけたと思いますが、彼らは自らの手で部下を何人メンタル不調にさせたかで競い合っていたのです。特に、メンタル不調者を多く出した先輩Ａの方は、ものすごく得意げに話していました。それを聞く後輩Ｂの方も、本気でＡを尊敬しているらしいのですから驚きました。

ですが実際に、部下をメンタル不調にさせて、それを自慢にしている人たちというのは、少なない数で存在しています。

それからまもなく研修が始まりました。

私が講師として、会議室の教壇の前に立つと、さっきの二人が私の顔を見てびっくりした表情を浮かべて座っていました。どうやら彼らは、お手洗いにいた私の存在に気づいていたようでした。

人の噂に尾ひれをつけて拡散する人たち

世の中には「なぜ、そんなことで得意になれるのか？」と思うようなことに、喜びを感じる人がいます。前述した「メンタル不調者を何人出したか」で競い合っていた人たちもそうですが、ここで紹介するのは面白半分に人の噂を拡散する人たちです。

会社内の噂話、ご近所の噂話、ワイドショーでの芸能人のゴシップ、最近ではＳＮＳによる真偽不明の噂話など、本当に世間の人はゴシップネタが好きなのだなと思います。

そして噂話をすることで、憂《う》さを晴らしたり、得意になったり、「他人の不幸は蜜の味」と言わんばかりに深い満足感を感じる人さえいます。

以前、私がカウンセリングをしていたある会社では、社内の人間同士の噂話のせいで、精神的に追い詰められてしまう人が何人も出ていました。

そこで私が介入して、噂話の真相を精査していくと、どの噂話にも共通する点があることがわかってきました。それは何かというと、噂話に尾ひれがついて拡散されることでした。最初はたいした話ではなかったものが、人から人に拡散されていく過程で尾ひれがついていき、最後には、最初の話とは全然違うものになっていた、なんてケースもありました。

たとえば、「この間、会社の近くにある△って居酒屋あるじゃない？　あそこで、同期と飲んでたの。そしたら、課長と経理のIさんが二人で一緒に飲んでるの見ちゃったんだよね」と最初の噂が立つとします。

噂が人づてに伝わっていく過程で、「ねえ、ねえ知っている？　課長と経理のIさんって付き合ってるんだって」と尾ひれがついてしまいます。「えー課長って既婚者だよね。それって不倫だよねー。あの二人って最低」とまでなってしまう場合もあります。

ところが事の真相は、課長とIさんは確かに二人で飲んでいたけれど、遅れて参加した別の社員が数十分後には合流しているので、正確には二人だけで飲んでいたわけではなかったのです。

このように、蓋を開けてみればたいしたことがないのに、面白半分に尾ひれをつけて噂を広める人たちがいるから、大事《おおごと》になってしまうのです。噂を拡散する人たちは、この伝言ゲームを楽しんでいます。本当はゲームなどと言ってはいけないのですが、彼らにとってはゲームです。

しかし噂の当事者にとっては……。いたたまれなくなって「もう、会社を辞めようか」というくらいショックを受けます。噂を拡散している人たちは、人を陥れてやろうとまでは考えていないのかもしれませんが、被害者にとってはまさに「いじめ」です。

噂話の被害者にできる対策はないけれど……

噂話の被害者はどうすればいいのでしょうか。

実は被害者にできることは、ほとんどありません。

考えてみれば当然なのですが、噂話の当事者になることを避けるのは簡単ではありません。自分がそこにいないかのように、存在感を消して目立たなくしているしかないのかもしれません。でもそれだって万全じゃありません。どんなに存在感を消そうがどうしようが、存在していることは確かなのですから、何かの拍子に噂の的になってしまう可能性がなくなることはありえません。

ここで大切なのは、「被害者にならないように」と小さくなって生活することではありません。むしろ、自分が加害者にならないように注意すべきです。

人生においては、知らず知らずのうちに誰かを傷つけてしまう、ということが往々にしてあります。噂話を広める行為はその典型かもしれません。

誰かから聞いた話を面白可笑《おか》しく尾ひれをつけてしゃべってしまった。それが噂の当事者にとって「会社を辞めたい」とか「死んでしまいたい」と思うほどに、追い詰められることになるとも知らずに。

もし自分が流した噂のせいで、誰かの人生が狂わされてしまったとしたら？　悪気はなかったのだけど……では済まされません。ですから、自分は噂話を広めるような人間にはならないようにしよう、という覚悟を一人ひとりが持つことが抑止効果につながると思います。

きちんと意識しなければ、人は他人を傷つけてしまう

「メンタル不調者を何人出したかを競い合う人たち」の話も、「人の噂に尾ひれをつけて拡散する人たち」の話も、どちらも「その話を聞いてあなたは、どう思うのか？」が重要で

す。

メンタル不調者を四人出した先輩の話を聞いて、「あー自分は、まだ二人だけだから、負けたな」と思うか、「一人でも出したら、その人の人生を狂わせてしまうかもしれない」と、いじめられている人に対して、思いを馳せられるかどうか。この二つの考え方の違いは、決定的な違いです。

自分が置かれた状況によっては、正しくないことをしてしまうのが人間です。もちろん、私だってときには正しくないことをしてしまう場合もあります。けれども、大きく逸脱しないのは、「人を傷つけないようにしよう」「誰に対しても平等に、かつ誠実に接しよう」と常に意識して心がけるようにしているからです。

日常生活の中においても、弱い立場の方々の現状について、正しい知識を得られるよう、アンテナを張っています。カウンセリングの場面においても、ニュースで報道されたことに関しても、本や映画を見るときも、人の心の痛みに敏感でいようと心がけています。

しかし、もし意識化しなければ、私も簡単に自分の欲望に流されてしまうでしょう。人の気持ちよりも、自分の気持ちを最優先にし、自分の欲望に従ってやりたいことをやりたいようにする。こうなってしまうと、人から賞賛されたい、人を思い通りに動かしたい、人よりも優位に立ちたいという気持ちが勝ってしまい、相手のことを思いやることが二の次になってしまいます。

他者に思いを馳せることなく自己中心的に生きていると、最初は意識せずに人を傷つけていたのが、いつの間にか悪意を持って人を傷つける人間になってしまうかもしれません。

他人の気持ちを大切にすることを常に意識しておかないと、自分と違う考え方や価値観を持った人間を受け入れられなくなってしまうのが、悲しいかな、人間の性《さが》だといえます。

公園デビューで仲間外れにされたOさん

私はカウンセラーなので、私のところに持ち込まれる相談は基本的に、職場の悩みが中心になります。ですが、何回かカウンセリングを重ねていくと、「実は……、職場の問題よりもプライベートな悩みを相談したいんです」とおっしゃる方は結構います。

プライベートな悩みを相談してくるのは、女性が圧倒的に多いです。日本の会社はまだまだ男社会で、女性にとっては働きづらい場所になっています。女性もそのことはわかっていますから、会社で理不尽なことがあってもある程度許容して働いています。

ただ、プライベートなこととなると、会社での問題よりも「許せない」という気持ちが強くなるようです。その背景には、「会社は男社会だから自分が理不尽な目にあっても、仕方ない」というある種のあきらめの気持ちがあるから、耐えられるのだと推測します。会社で忍耐している分、プライベートとなると余計に許せない気持ちが生まれてくるのでしょう。

三十代既婚女性・Oさんからの相談は次のような話でした。

Oさんは、世間でも名の知れた一流企業で正社員として働いています。数年前に結婚したOさんの夫も同じ会社に勤務しています。いわゆる職場結婚です。二人の間には、二歳になるひとり娘がいます。

Oさんは出産してからすぐに職場復帰したため、娘は0歳から保育園に預けているとのこと。そんな生活ですので、Oさんが近所のママたちと付き合う機会もほとんどありませんでした。

そんなある日、Oさんは二人目を妊娠しました。そしてお腹がかなり目立ち始めた頃に産休をとってからは、家にいるようになりました。できるだけ、二歳の娘と長く過ごしたいと思ったOさんは、早い時間に娘を保育園まで迎えに行き、その後は二人で近所の公園に行くことにしたそうです。

公園に行くことにしたのは、娘にもそろそろ近所で一緒に遊べる友達ができたら、という思いからでした。

Oさんが娘とともに自宅近くの公園に行ってみると、Oさんの娘さんくらいの年齢の子どもたちがジャングルジムや砂場、すべり台などで元気いっぱいに遊んでいます。ベンチには、子どもたちを見守りつつも、おしゃべりに興じているママたちもいます。

雰囲気のよさそうな公園だな、と思ったOさんは早速、初対面のママたちに挨拶にいきました。彼女たちは笑顔でOさんと話してくれました。娘がOさんのスカートの裾を引っ張って遊び場に連れて行こうとします。娘は遊びたくて仕方がない様子です。

娘に連れられて遊び場に行くと、娘は躊躇《ちゅうちょ》することなく砂場で遊んでいる子どもたちの輪に入っていきました。公園デビューは怖いと聞いていたが、行ってみればなんてことはない、ママたちは親切そうだし、子どももすぐに仲良しになれた。怖がって損したな、とOさんは自分の臆病さを笑いたくなるような気分でした。

ところが、公園に通い始めて一週間くらいたった頃でしょうか。

今までとなんだか雰囲気が違うのです。ママたちがよそよそしい。何よりも、見ていてかわいそうだったのが娘への仕打ちです。

娘がいつものように、みんながいる砂場に行くと、「○○ちゃん、今度は滑り台の方に行って遊びなさい」とどこかのママの声が聞こえます。すると、呼ばれた子だけでなく砂場にいた全員が滑り台の方に移動してしまいました。不思議に思った娘が、滑り台に行くと、今度は「〇〇ちゃん、今度はジャングルジムで遊びなさい」という声が聞こえます。そして、滑り台にいた子どもたちが一斉にいなくなってしまうのです。

娘は、何が起こったのかわからず、その場でぽかあんと立ち尽くしていました。

そのときOさんは、「ああ、自分はママたちに受け入れてもらえなかったんだな」と思ったそうです。

妬ましいから仲間に入れてあげない

それからOさんは、「もしかしたら自分の勘違いかもしれない」と何度か公園に足を運んでみたのですが、ママたちの態度は相変わらずです。しばらくして、Oさんは公園には行くのをやめました。

でも、なぜ自分がこんな理不尽な扱いを受けなければいけなかったのか、納得できません。「自分だけならまだ我慢できるけど、娘まで仲間外れにされるなんて、許せない」とOさんは涙ながらに私に訴えてきました。

Oさんのように、自分のことならばどんなに辛くても、なんとか耐えることができる、でも愛するわが子がひどい目にあうのは耐えられない、そう考えるお母さんは非常に多いです。だからこそ、会社の問題よりもより切実なのでしょう。

その後、私は近所の公園に集まるママたちはどんな人たちなのか、ママたちの人間関係はOさんから見てどうだったのかを伺いました。

Oさんの話から、わかったことがいくつかあります。

公園に集まるママたちのほとんどが専業主婦か、パートでした。彼女たちの話題の中心は子どものことか、保育園の先生の悪口か、近所の人の噂話でした。最初の頃は、Oさんについて根掘り葉掘り聞いてきました。

Oさんは、今は会社で産休をもらって出産に備えている期間であること、子どもが産まれたら職場復帰することなどを話したそうです。訊かれたので会社の名前や仕事についても話しました。その場ではみんな「すごいわねー」とOさんを褒めていたそうです。

「私が会社のことなんか話したのが、いけなかったんでしょうか？」とOさん。

「なんとも言えませんが……。自分たちとは毛色が違うように見える人を、グループから排除しようとする人はいます。自分たちと違う人間は、自分たちを脅《おびや》かす存在だと潜在的に恐怖を覚えるのでしょう。さらに言うと、自分たちよりもいい生活を送っていそうに見える人に対しては、妬みや僻みを持つ人もいるんですよ。それがほんの些細な差であっても」とお伝えしました。

私の推測するところでは、Oさんがママたちに嫌われてしまったのは、Oさんに話した通り、夫婦共働きで一流企業に勤めるOさんが妬ましかったのでしょう。妬ましいから仲間には入れてあげない、という自己中心的な考えからやったことでした。

けれども、ママ友全員がそんな考えを持っていたわけではないでしょう。おそらく、ママ友たちのリーダーである女性がそういう人なのです。そういうグループは、リーダーにほかのママ友が追随するという形をとっており、完全な序列関係ができあがっています。

したがって、たとえリーダーの意見に賛成できないと思う人がグループ内にいたとしても、自分の意見を言うのは難しいでしょう。「そういう考えをするのはよくないと思いますよ」なんて意見を言ってしまったら、今度は自分がOさんと同じ目にあうからです。

さらにママ友のやっかいなところは、自分ひとりではなく、自分の子どもも仲間外れにされてしまう点です。それは母親にとってはなによりも辛いことなので、みんなリーダーに追随してしまうわけです。

グループの全員に嫌われているわけではない

Oさんのように、仲間外れにされてしまった人に知っておいてもらいたいのは、グループの全員に嫌われているわけではない、ということ。

先ほども述べましたが、自分たちと違うように見える人を仲間外れにするグループは、実はリーダーひとりの考えで「いじめ」をしている場合が多いのです。リーダーが「あの人は気にくわない」と思っていても、ほかの人はたいてい「あの人は何も悪いことはしていないのに、リーダーに嫌われちゃってかわいそうに」と考えています。

ただ、先に述べたように、ほかの人はリーダーに逆らうと、今度は自分が仲間外れにされてしまうのが怖くて何も言えないのです。

いじめを受けている側からすれば見ているだけで何もしない傍観者だって、リーダーと同じじゃないか、と思うでしょう。確かにその通りだと、私も思います。

しかし、「仲間外れなんて、子どもっぽいことはやめようよ」と声をあげてくれないのなら、「みんなリーダーと同じで敵だ」と受け取ってしまうと、本人が一番辛くなるのではないでしょうか。

実際に人をいじめて平気でいたり、喜んでいるような人は、人口の一割程度に過ぎません。残りの九割の人は、被害者に同情的です。ですから、たとえ仲間外れにされたとしても、みんなから嫌われているわけではないのだということを心の拠り所にしてほしいと思います。

もうひとつ心に留めておいてほしいのは、今の状況がずっと続くわけではない、ということ。いじめられている人は、「この状況がずっと続くのではないか」と思いがちですが、物事はずっと同じ状況で留まっていることはありません。「万物は流転《るてん》する」という言葉があるように、すべてのものは必ず変化していきます。

あなたを仲間外れにしていたリーダーが、何かの事情で引っ越してしまうことだってあるかもしれません。このようにわかりやすい変化でなくても、リーダー格の人の影響力が徐々に衰退していく場合もあります。そのような変化が起きたときに、あなたを取り巻く状況は変わるでしょう。今がすべてと思わないでください。

もしあなたが、リーダーに追随してしまっている側の人間だとしたら、自分もいつかリーダーと同じような人間になってしまうかもしれないという危険性を考えてみましょう。

「私がリーダーの言いなりになっているのは、リーダーが怖いからであって、決してリーダーみたいにはならない」と言い切れるでしょうか。

　最初は、リーダーが怖いから従っていただけだったけれど、いつのまにか自分から率先してリーダーの代わりにいじめをする人もいます。そうすると、リーダーに気に入られるからです。

　リーダーのお気に入りになれば何かといい思いをするかもしれません。すると、いじめをやめることができなくなって、リーダーのように人をいじめることが自分の喜びになるような人間になってしまうこともあるかもしれません。

第四章

人を利用することしか頭にない人からのいじめ
――他者利用型――

上司に報告したのに、放置されてしまったLさん

大手企業に勤めるLさんは最近、仕事で大きな失敗をしてしまいました。

Lさんが担当している取引先企業との間でトラブルがあり、相手企業はLさんの一方的なミスで損害を被ったから賠償してほしい、と言ってきたのです。しかし事実関係を照らし合わせていくと、それは相手企業の言いがかりで損害自体はたいしたものではありませんでした。

それでも相手企業に損害賠償請求されてしまったからには、何らかの処置を取らなければならないため、Lさんは直属の上司に報告しました。その後何日かして、Lさんは上司とともに社長室に呼ばれました。

Lさんは損害賠償請求の件で呼ばれたのだな、と思うと憂鬱《ゆううつ》な気分になりました。案の上、社長はその件でかなり怒っていたそうです。社長はLさんに向かって「お前何やってんだよ！　取引先に損害賠償請求されるなんて、とんでもないことだぞ！」と叱りつけました。

今回のことは取引先の言いがかりとはいえ、自分にも非があるから社長に怒られても仕方

がないとLさんは思っていました。次の社長の言葉を聞くまでは。

社長はこう言ったのです。

「ミスは誰にでもあるから仕方ないけどね。でも今回の件に関しては会社のイメージにも関わる大きな問題になりかねなかったんだからな。何とか示談に持ち込んでこれだけの被害で済んだからよかったけど。これからはちゃんと直属の上司に相談するように」と。

Lさんは社長の言葉に耳を疑いました。

それと同時に、「ああ、そういうことか」と思ったのでした。おそらく上司は、今回の件でLさんから報告を受けていたことを、社長には黙っていたのでしょう。

Lさんは、今からでもいいから社長の前で「実は私は部下から報告を受けていました」と言ってほしいと思いましたが、上司はLさんとは目も合わせようとせず、下を向いたままでした。

後で聞いた話によると、社長は何らかのルートで、Lさんのミスで損害賠償を請求されていることを耳にし、相手企業の言いがかりだとわかっていながらも、会社のイメージを守るため一切争うことなく何百万円か支払って決着させたそうです。

ところがその後も、示談に持ち込んで解決したはずの問題を相手企業から何度か蒸し返されるような事態が起きました。そのたびにLさんは上司に相談しましたが、上司はそのたびに「わかった。わかった」と答えました。Lさんは、前回のこともあるのだから、さすがに上司も何らかの対処をしているものと思い込んでいたのですが……。

上司の放置が発覚したのは、またしても二人で社長室に呼ばれたときでした。

社長は前回と同様、Lさんに向かって怒鳴り始めました。

「お前、これはどういうことなんだよ！　ちゃんと手を打っていれば、こんなことにはならなかったのに。なんで上司に報告しないんだよ！　前にあれだけ説明したじゃないか」と。

そのときLさんは、心の中で上司に問いかけました。「私は何度もあなたに報告しましたよね？」「そのことをあなたは覚えていますよね？」「私の報告を受けて、何のアクションも起こさなかったのはあなたですよね」「社長の前で本当のことを言ってくださいよ」と。

しかしLさんは、口に出して上司に抗議することはできませんでした。

結局、今回のミスもすべてLさんの責任にされてしまいました。

その後も、上司からの謝罪は一切なく、心が折れてしまったLさんが私のところに相談にきたというわけでした。

自分の利益のために部下を切り捨てる上司

Ｌさんの上司は、部下が社長からどんな制裁を受けようが自分に降りかからなければそれでいい、と考えている人です。自分の利益や保身のために、部下を切り捨てることに何の罪悪感もありません。

他人を使えるか使えないかで判断し、他人は利用するものであるという信条で生きている「他者利用型」のいじめをする人間です。他者利用型は、確信犯的に他者を操り、切り捨て、脅し、ときには陥れもします。ひどい場合は、反社会性を持っている人もいます。

Ｌさんの上司は、Ｌさんから報告を受けていたにもかかわらず、受けていないと嘘をつきました。これは責任を免れるためについた嘘です。もしここで、上司が正直に「部下からの報告は受けていました」と言っていたら、Ｌさんは責任を免れていたはずなのですが……。

そうなのです。部下はどんなミスをしようとも、上司に報告さえしていれば、その後は上司の責任になるのですから。

では上司が正直に言ってくれないのであれば、Ｌさんが社長の前で「私は今回の件はすべて上司に報告していました」と言えばよかったのでしょうか。

確かにそう言えればよかったとは思いますが、多くの部下は言えないでしょう。もし、本当のことを言ってしまったら、後で上司からどんな仕返しがあるかわかりません。

あるいは、上司の気持ちに思いを馳せてしまって「もしここで自分が本当のことを言ってしまったら、上司のこれからの会社人生にどれだけ影響が出てしまうのか」と考えてしまうと、なかなか口に出せない人もいるかと思います。

しかし、本当のことを言えなかったために、部下は責任のすべてを背負わされてしまいます。さらにその後の会社での立場にも影響してくるかもしれません。

実際、Lさんの場合、このときの問題が後々まで尾を引いて、数年後には十五年前の給料にまでダウンさせられてしまいました。一方の上司は、自分の利益のために部下を利用することを繰り返し、数年後には役員にまでのぼりつめたそうです。

なんともやるせない話です。

上司に責任を追及できる部下、できない部下

部下から報告を受けたことを黙っている上司に対して、はっきりと「あなたに報告しましたよね」と「言える部下」と「言えない部下」は、どう違うのでしょうか。

「言えない部下」は、どこかで上司が最後の最後には本当のことを言ってくれるのではないかと相手を信じている人です。基本的に人の善意を信じていて、たとえ上役の前では本当のことを言ってくれなくても、自分には謝ってくれるのではないかと信じています。「あのとき俺は、社長の前で『本当は報告を受けていました』と言うべきだったのに言えなかった。申し訳ない」。その一言を「言えない部下」は待っていたのだと思います。

一方「言える部下」は、自分が言わなければ上司の態度はずっと変わらないと思っている人です。このタイプは人を信じていないわけではありませんが、沈黙していても物事はよい方には変わっていかないと思っている人です。

子ども同士のいじめでも、いじめが収まらない一番の理由は、いじめられている子が声をあげないことだと聞きます。「嫌だ」「やめて」の一言が言えないばっかりに、いつまでもいじめが続いてしまうのです。

もちろん「嫌だ」「やめて」と言ったとしても、次からいじめがなくなるかというと、そう簡単にはなくならないでしょう。でも「嫌だ」「やめて」と言えば、少なくとも自分の意思は伝わります。

得てしていじめっ子は、いじめられている子には自分の意思なんかないと思っているところがあります。意思のない弱い存在だと思っていた子から、「嫌だ」「やめて」と意思表示を示されるだけでいじめっ子はひるむものです。

上司に対して、責任追及できない部下は人の善意を信じている人だと前述しました。人を信じることは大切なのですが、「どんな人でも信じよう」という考えでは、悪意のある人間に利用されてしまいます。

利用されてしまい、陥れられないためにも、信用できる人と、そうでない人の見極めが大切です。

インフォーマルなコミュニケーションの場で情報を得る

では、どうやって信用できる人とそうでない人を見極めるのか。

自分ひとりの判断では、なかなか難しいかと思います。そんなときに役に立つのが、インフォーマル（非公式）な場での情報です。

休憩時間や飲み会などの場で語られる雑談の中にこそ、有用な情報が溢れています。たとえば、飲み会の席ではお酒が入って口が軽くなると、噂話みたいな感じで社内の人間の評判を聞くことができます。

「あの社長は、口先だけだから気をつけた方がいいよ」とか、「○○課長は、何かあったら部下を切り捨てるタイプだから信じない方がいいよ」といった話を聞くと、みんなが社内の人間をどう思っているかがわかるので、ある人物が信頼に足る人間かどうかを見極める判断材料になります。

それらの情報は、会議や朝礼、ミーティングなどのフォーマルな場では得られません。気兼ねないコミュニケーションの中から生まれます。

しかし職場の人間が気兼ねないコミュニケーションをする場は、年々減ってきています。

一つには、特に若い社員に顕著にみられるようにプライベートと仕事をきっちりとわける人が増えたために、インフォーマルな飲み会が減ったことが挙げられます。

もう一つは、新型コロナ禍の影響で、飲み会は当然ながら、テレワークの導入により休憩時間の雑談さえなくなったことです。今の時代は、意識的に社内の人間がコミュニケーションできる場をつくっていかなければ、情報も得られにくく、人間関係を円滑にするのも難しいのかもしれません。

対策としては、オンラインミーティングだけで終わらせるのではなく、何回かに一回は、オンライン飲み会などをしてコミュニケーションを図っていくことも大事になってきます。

自分の利益や保身のために部下を切り捨てるような上司に対しては、自分の意見をはっきり言う以外にも、対策があります。

それは周りの人を味方につけることです。

一対一で他者利用型の上司に向かっていくのは、「言えない部下」タイプの人にとってはハードルが高いと思います。そこで周りの人に味方になってもらうわけですが、「○○課長は、私がちゃんと報告したのに、社長の前では報告を受けていないと嘘をついたんです。だから、みなさん私の味方になってください」と、正面切って言うのは憚《はばか》られるでしょう。そこまでしなくてていいのではないでしょうか。

周りの人を味方につけるには、周りに人がいる状況の中で、自分の率直な意見を上司に伝えればいいだけです。すると、周りで聞いていた人が後で「私も○○課長に同じ目にあわされた」「今度はみんなで○○課長を問いただしてみよう」など、手を差し伸べてくれる人が現れるものです。

パワハラ社長に脅される日々を送るKさん

人事部に勤めるKさんからの相談です。

Kさんの会社は、二期連続赤字が続いています。一期ならば赤字に転落してしまっても、まだ自力で収束できる体力は残っているかもしれませんが、二期連続ともなると非常事態と言えます。会社を今後どうするか、という経営判断が迫られる事態ということです。

Kさんの会社は、ある大企業のグループ会社であり、会社の生殺与奪《せいさつよだつ》の権限は親会社の経営陣が握っています。

ある日、Kさんと同じグループ会社の社長が、親会社から依頼を受けて、Kさんの会社の経営立て直しのためにやってきました。経営立て直しといっても建前で、要は、一年くらいでどうにか黒字に転換させてから、他社に売却するために送り込まれてきた人物なのです。赤字のままでは、会社を売却することはできないのです。

この人物はグループ会社の社長だけでなく、親会社の役員も兼務しており、グループ内では大変な権力を持った人でした。この人ひとりの権限で、Kさんの会社などはいかようにもできてしまうくらいの力があります。

さらにこの人物は、自身が社長である会社では、日常的にパワハラを行っていることからパワハラ社長としても有名でした。その会社では社長の言動は絶対的な力を持っており、重役でさえ社長に何も言えない状態です。一度社長に敵とみなされた人は、徹底的に叩かれ、メンタル不調にさせられて休職するか、辞職するかしかないということでした。

親会社は、パワハラ社長が人格的に問題があると知っていながら、Kさんの会社に送り込んできたのです。それくらいパワフルな人でなければ、一年で黒字転換して売却するのは不可能だと判断したのでしょう。

Kさんの会社にパワハラ社長がやってくる話は、たちまち社内に知れ渡り、従業員みんながパワハラ社長がやって来る日を恐れているという状態でした。


実際にパワハラ社長がやってきてからは、地獄のような日々だったとKさんは言います。

パワハラ社長がまず行ったのが、不採算部門の撤収。その部署の社員のほとんどが、これまで十年、十五年と同じ部署で働き続けてきたのですが、まったく畑違いの部署に次々と異動させられました。

次に行ったのが社員の降格です。勤続十年以上の社員のほとんどが主任になっていたのですが、コストカットのために主任クラスの社員は全員一般社員に降格させられました。さらに人員整理の一環として、派遣社員は全員契約を打ち切られ、派遣の人たちが担当していた仕事は、社員がやることになりました。

Kさんは人事部なので、パワハラ社長の命令通りに、人員整理や降格、部署異動などの実務を行う仕事をこなさなければならない立場でした。しかし、こんな強引な人事は納得できないと思い、パワハラ社長に直談判《じかだんぱん》をしにいったそうです。

「社長、派遣社員を全員切るなんていくらなんでもひど過ぎます。彼らは、うちの会社に派遣されてきて何年も頑張ってきてくれている人たちばかりなんですよ」「それに、派遣社員がいなくなってしまったらその仕事は、ほかの社員が引き継がなければなりません。今でさえ、みんな毎日残業続きなのに、これ以上の負担を強いるなんてできません」と訴えました。

するとパワハラ社長は、「なに、お前リストラできないの？　じゃあしょうがない。お前、この会社を辞めてうちの会社で働くか？　徹底的にうちのやり方を叩き込んでやるよ」と言い放ったそうです。

パワハラ社長は、自分のやり方に異を唱える社員には、この言葉をかけて脅していたそうです。みんなこの言葉を聞くと、それ以上何も言えなくなったとか。それはKさんも同じでした。

パワハラ社長の会社で働く……。考えられないことでした。今のこの状況も十分辛いですが、それでも会社が売却されるまでの一年間を耐えれば終わりがきます。そして売却後は、新しい経営者のもとで働けるはずです。新しい経営者がどのような人かはわかりませんが、誰であれこのパワハラ社長よりはマシ。

でもパワハラ社長の会社で働くことになったら、日常的なパワハラが何年も何十年も続くことになるのです。想像しただけでも恐ろしいことだとKさんは言います。

パワハラ社長に「うちの会社で働くか？」と脅しをかけられたKさんは、その後一切社長に意見できなくなりました。そして社長の命令通り粛々と、人事の仕事を行っているそうですが、今は「いつ辞めようか」と悶々とする日々だということです。

世渡り上手で隙がないパワハラ社長

パワハラ社長がKさんの会社にやってきて一年後、会社は一人も解雇することもなく黒字転換しました。表面的にはパワハラ社長に落ち度はないため、親会社の方では結果を出したパワハラ社長を大絶賛し、社長の評価は以前にも増して上がったと聞きます。

確かに、一人も解雇者が出なかったのは本当ですが、そのかわりパワハラに耐えられずに自主退職という形で辞めていった従業員が、全体の一五％ほどに上りました。以前は、自主退職する社員などほとんどいない会社だったにもかかわらずです。また派遣社員は全員契約を打ち切られました。残った社員の給料もかなりカットされました。

大量の自主退職者と、派遣社員の雇い止めと、社員の大幅な給料カット。多くの従業員を犠牲にして実現された黒字転換でした。部下をつぶして評価が上がる上司の話を前述しましたが、このケースも同様に従業員をつぶして評価を上げるパワハラ社長という構図です。

経営立て直しの際に、従業員が犠牲になるのは仕方のないことなのでしょうか。もちろんそんなことはありません。パワハラなど行わずに、会社の経営状況が回復したケースは、いくらでもあります。

たとえばリゾート運営会社の星野リゾートは、業績の優れない旅館などを買い取って、新たなリゾート施設として復活させています。

業績の優れない組織の場合、従業員のモチベーションは低下しています。そこで星野リゾートでは、社員の意識改革を行った上で従業員に裁量権を与えて、自ら考えて動くように指導しているそうです。徹底的に従業員の話を聞いて、リゾート施設のコンセプトも従業員自身に考えてもらいます。従業員主導で改革を行い、黒字転換に成功しています。

結果的には、星野リゾートに買い取られた旅館もKさんの会社も黒字転換していますが、経営立て直しの方法が一八〇度違います。どうしてこんなにも違うのか。それは、従業員一人ひとりを大切する気持ちが違うからでしょう。

そもそもKさんの会社に送り込まれてきたパワハラ社長は、人を脅して思い通りに操ることに快感を覚える他者利用型です。自分の目的のためならば、周りの人がどうなろうが一切気にしません。

私は実際にこのパワハラ社長に会ったことがあります。最初は有能で頭の切れる人という印象でした。とても頭の切れる人なので、本性を隠すのもまた上手なのです。世渡り上手で隙がありません。だからこそ、会社でも高い地位を獲得してきたのでしょう。

けれども長い時間話していると、底知れぬ威圧感のようなものを感じる人でした。人と話しているというよりも、鋭いナイフと話しているように感じました。

残念ながら、こうしたパワハラ社長のような人に、改心してほしいと願っても無駄というものです。

こういう人に会ってしまったら、対策はほとんどありません。一つだけあるとしたら、このタイプは人を使えるか使えないかで見ますから、そこを利用するしかないでしょう。

「あ、こいつは使えないな」と思われたら、どんなひどい目にあうかわかりませんから、その社長にとって使える人間であると思わせるしかありません。つまり社長の言うことは、素直に聞いて手早く実行する人物になるわけです。

しかし、自分の意に反してやるとなると相当辛いものがありますから、「期間限定、今だけ」と思ってやること。パワハラ社長は、何があっても人の意見など聞き入れませんから、「抵抗しても無駄だから、素直に従っている方が自分もほかの従業員も、結果的に最小限の被害で済むのだ」と思って実行するしかないでしょう。

部下からの脅しを受けたFさん

四十代半ばのFさんは、子どもの頃からスポーツが得意で、ずっと運動部に所属していました。大学でも体育会系の部に入部し本格的に活動していた、いわゆる「体育会系」の人です。背は高い方ではありませんが、スポーツで鍛えたがっちりとした体格は今でも健在で、いかにも屈強そうに見えます。

そんなFさんが、とまどったご様子で私の前に座っています。

Fさんの話はこうです。

あるとき、他社から転職してきた男性社員がFさんの部署に配属されてきました。彼はF

さんとは対照的に、高身長でありながらも線が細く、色白でおとなしい印象を受ける人でした。仮にXとしておきましょう。

Fさんは Xに対してもいつもの調子で、はっぱをかけて部下のやる気を奮い立たせようとしていました。

「ほら、Xくんもっと素早く動かないと、仕事が回っていかないだろ。急げ、急げ！」「今月の目標が達成できなかった？　気合が足りないいんじゃないのか！」。自分はわりと厳しい上司だったと、本人も言っています。

このXは、上司が高圧的な態度を取ってくるのを、非常に嫌うタイプの人でした。Fさんの物言いが癪《しゃく》に障ったXは、Fさんを個室に呼びつけて次のように告げました。

「自分は、感情がコントロールできない病気なんです。これはあまり公《おおやけ》にできないことで、Fさんだけに言っておきます。自分も、あまり他の人に危害を加えたくありません。そのあたり、よろしくお願い致します」

この言葉にただならぬものを感じたFさんは、人事部に相談し、人事部を通じて私が呼ばれたのです。

私はその後、Xと何度か話し合いを行いました。どうやらXはFさんのみならず、会社全体に不満を持っていたようでした。結果的に、ほどなくしてXはその会社を辞めることになりました。

このケースは幸い大事にはなりませんでしたが、XがFさんに行ったことはれっきとした犯罪で、脅迫罪に当たります。ですから、会社はXを訴えることもできます。実際には、自社の社員を相手に脅迫罪で立件させようとする会社はあまりありませんが、「脅迫は犯罪である」という認識は持っていただいた上で、同様なケースが発生した場合は専門家に仲裁してもらうなど、慎重に事を進めた方がよいでしょう。

一方で会社はやはり、社員の感情を蔑《ないがし》ろにせず、大切にしてもらいたいと思います。人に対する恨みは、極端にまで膨れ上がることもあります。誰かに恨みを抱えた人が、人生に対する希望まで失った場合、取り返しのつかないことが起こる可能性もあるのです。あまり部下たちを追い詰めたり、辛い思いをさせると、Xのように口頭での「脅迫罪」にとどまっている人でも、実際に相手に危害を加えてしまうかもしれません。

Xのような人間と良好な人間関係を結ぶのは非常に難しいことで、もし周囲にいるのならある程度割り切って付き合った方がよいでしょうが、その一方でいたずらに感情を刺激するのも避けた方がよいでしょう。リスクマネジメントという点からも、周囲の人の感情をきちんと意識する習慣をつけた方がよいといえます。

部下が仕事をしてくれないと悩むE課長

ある会社で課長をしているEさんは、自分は課長の器ではないのかもしれないと悩んでいます。

Eさんがそう思うようになったのは、二か月ほど前からです。実はEさんの課ではある大きなプロジェクトを立ち上げたばかりで、課長であるEさんがリーダーとなって進めていました。

ところが、プロジェクトはなかなか予定通りに進みません。というのは、課長であるEさんの補佐役の主任が何かあるたびに、反対ばかりするためです。「E課長が提案しているプランでは、予算オーバーじゃないでしょうか?」とか「そのプランでは、リスクが大き過ぎます。ちゃんとリスク管理をしているんですか?」といった具合に。

主任は反対意見は出しても、言い放しであとは何もしません。丁寧に仕事をするE課長は、部下がせっかく意見を出してくれたのだからと、主任の意見が妥当なのかどうかを精査します。しかし、精査に時間がかかってプロジェクトは一時停止状態になっています。そのことで部長にも叱責され、ますます落ち込んだそうです。

これではプロジェクトが前に進まないと、E課長はプロジェクトのメンバーである一般社員たちに、主任の意見が妥当かどうかを精査してくれるように頼みました。

ところが、みな一様に自分の仕事が忙しくてそこまで手が回らないと断ってきたのです。主任だけでなく、一般社員たちもE課長に協力的ではありません。そういったことが続いたため、E課長はすっかり自信喪失してしまっています。

実はE課長と主任は、同期入社で同い年でもあります。E課長は、どちらかというとおっとりした性格で、地道に仕事を進めるタイプで堅実に実績を上げてきたことが上に認められて課長に昇進しました。

一方の主任はというと、明るくてリーダーシップがありバイタリティにも溢れた人物で、部下にも慕われているようでした。だからでしょうか。半年前にEさんが課長に昇進したときには、部署のみんなが驚きました。

みんなは、当然主任が先に課長になるものと思っていたからです。それはE課長も同じでした。なぜ、自分が……という思いはありました。もともと控えめな性格なので、彼を差し置いて自分が課長になるなんて、という思いがあるからこそ、主任の意見が妥当ではないと思ったときでも、丁寧に耳を傾けるようにしていました。

私がE課長と話したときの印象では、彼が課長の器ではないとは思いませんでした。人を惹き付けるような強烈な個性や魅力は少し乏しいかもしれませんが、実直で堅実で思いやりのある人だと感じました。ですから、なぜ主任や部下たちがE課長に反抗的な態度を示すのかがわかりませんでした。

部下をまとめて敵対グループをつくった主任

数週間後、再びE課長が私のところに相談にやってきました。

以前お会いしたときより、E課長は意気消沈されている様子で、次のような話をされたのです。

ある日のこと、E課長が外回りの仕事から戻って職場に入ろうとすると、主任と部下たちが集まって何やら話しているのが聞こえました。

「だから言っただろー。あいつはトロいって。あいつの言うことなんか聞いてたらいつまでたってもこのプロジェクトは完成しないよ」

「本当、主任の言う通りですよね。E課長って真面目過ぎるせいかアイディアがありきたりで、今一つですもんね」

「俺なんかこの間、E課長に頼まれた仕事断ってやりましたもん。だってあんなことといつまでやったって意味がないから」

「それでいいんだよ。あいつはさ、昔から仕事ができなくて、面倒な仕事は全部部下に丸投げするようなやつだから」

「俺、主任が課長だったら絶対プロジェクトうまくいくと思うんですけどねー」

「なんでEさんが課長なんですかね？」

「上の方には、いい顔してんじゃないの。○部長の言うことは何でも聞くらしいから」

「下には厳しくって、上には媚びを売るって最悪の上司ですよねー」

その後も、E課長が戻ったことに誰も気が付かず、仕事そっちのけで悪口を言い合っていたそうです。

「いったい、私はどうすればいいのでしょう？」E課長は、うつむきながら私に訊くのでした。

どうやら主任と部下たちはE課長に対抗するために、敵対グループをつくっているようです。どうしてこんなことになったのか。E課長と主任の関係性と二人の性格を考えれば想像がつきます。

同期で入社したとき、おそらく主任は一見地味そうに見えるEさんのことをライバルだとも思っていなかったのでしょう。ところが、地味に見えたEさんは有能で確実に実績を積み上げていくタイプだった。見ている人はちゃんと見ていますから、Eさんは課長に昇進。主任は自分よりも先に、愚鈍そうなEさんが昇進したことが許せなかったのでしょう。

そこで同じプロジェクトチームになったのを機に、部下たちにEさんがいかに無能であるか、あることないことを吹聴《ふいちょう》したのです。主任は口がうまく人心を掌握する術に長《た》けた人物ですから、部下たちは簡単に主任側についてしまったというわけです。

「敵」に協力してもらう

すっかり部下たちの気持ちが離れてしまったE課長ですが、挽回する手立てはあります。E課長に敵対するグループをつくったリーダーである主任に、協力してもらうのです。

「そもそも主任がE課長を嫌っているのに、その主任に協力してもらうなんてできるのか」

と、思う方もいるでしょう。

ですが、部下を束ねているのは主任です。主任が協力的であればおのずとほかの部下たちもそれに従うはずです。主任には部下をまとめあげるリーダーシップがあります。これをいい方向に向けさせましょう。

E課長は主任の長所に目を向けて、協力をお願いするのです。

「君には、部下たちをまとめるリーダーシップがあると思うんですよ。現に部下たちは、私の言うことは今一つピンとこないみたいだけど、君が言えばすぐ動くじゃないですか」

「私にはどうもそういうところが欠けているみたいなんだ。だから、今回のプロジェクトを成功させるためには、君のような部下に慕われている人材が必要なんだよ。どうか協力してくれませんか」

このように、多少自分のことをへりくだるように言って、相手を敬う気持ちを見せれば、「この上司をいじめてやろう」という部下の気持ちは収まるのではないでしょうか。人は基本的に、自分を尊敬する人を否定することは難しいものです。

反社会性パーソナリティ障害の人は頭が切れる？

誰かを陥れるために、周りの人間をまとめあげて敵対グループをつくってしまうような他者利用型の人は、非常にエネルギッシュでバイタリティに溢れています。

もちろん、リーダーシップもあります。そういう人は、ある種のカリスマ性もありますから部下たちは、自分たちが利用されていることにも気が付きません。

いじめの加害者には、この主任のようにエネルギッシュな人が多いといえます。そもそも無気力な人や無力感に苛《さいな》まれている人は、いじめようという気力もありません。いじめをするエネルギーがあるならば、それをいい方向に向ければ人生も好転すると思うのですが、そうはならないのは非常にもったいない気がします。

さらに言えば、いじめをする人の大半は、将来のビジョンがありません。たとえエネルギーがあっても、自分の思い通りにならない人を排除するために使ってしまいます。

ビジョンがある人は、十年後、二十年後の自分はどんなことをしていれば幸せなのか、そのために今は何をすればいいのかを考えて努力しています。自分のビジョンのためにエネルギーを使っているので、人をいじめることにはエネルギーを注ぎません。

ではいじめをする人みんなにビジョンがないのか、というとそうとも言い切れません。反社会性パーソナリティ障害の人には、明確なビジョンがあります。

反社会性パーソナリティ障害とは、社会のルールを破り、他者を欺《あざむ》いたり権利を侵害しても罪悪感を持たない精神障害です。自分が欲しいものを手に入れるためや、単に自分の楽しみのために、他者の感情を無視したり騙したりします。暴力性を持ち、アルコール依存症や薬物依存、犯罪などの問題を起こしやすい傾向にあります。他者利用型の人が極端に悪い方向に振れてしまうと、反社会性パーソナリティ障害になってしまうおそれもあります。

反社会性パーソナリティ障害の人が描くビジョンとは、自分が欲しいものを手に入れるためにいかにして他者を利用するか、というものです。たとえば、今の会社で社長になりたいと思ったならば、部下も同僚も、ときには上司さえも踏み倒して上に上ろう、という細かな計画があります。

綿密で周到な計画である場合が多いので、反社会性パーソナリティ障害の人が、自分のビジョンを実現させることも、少なくありません。社員のことを人間扱いしないような悪徳社長が君臨するブラック企業などは、その典型例と言ってもいいでしょう。

部下に言質を取られて追い込まれたTさん

会社では、部下より上司の方が強い立場にあるということが、当てはまらないケースもあります。それは先ほど紹介した「上司さえも思い通りに動かしたい部下」や「部下をまとめて敵対グループをつくった主任」の話からもわかったと思います。

今回のケースは、事あるごとに上司の言質《げんち》を取って、弱みを握って上司よりも優位な立場に立ちたいと考える部下に当たってしまった上司の話です。

マネージャーのTさんは、部下に対して特に威張るでもなく、かといって部下からの信頼が厚いとか、ものすごく仕事ができる人物というわけでもない、どこにでもいる、わりと人のいい上司です。

いい人であるが故に、部下のいじめのターゲットにされてしまったのかもしれません。

Tさんの部署では、取引先企業と共同で一つのプロジェクトを完成させていくことが日常的に行われています。Tさんはマネージャーという立場ですから、部下たちに仕事を割り振って、部下たちが提出してきた書類をもとに、調査資料を仕上げたり、取引先に提案するプランを作成したりしています。

あるとき、部下のGがTマネージャーに割り振られた仕事を、期限通りに仕上げて持ってきたそうです。

「この間、言われた件に関して、調べておきました」とG。

「ああ、ありがとうご苦労さん」とTマネージャーは気楽な感じで返事をしました。

すると、GはしばらくTマネージャーを見ていましたが、次にこう言いました。

「私が調べた案件が、最終的な資料になって、取引先のお客様に提案できるのはいつでしょうか？」

Tマネージャーは少し考えたあとで、今のところ急ぎの仕事も入っていないし今週中にはできるだろうと思って、

「今週中には、何とか仕上げられると思うよ」と言いました。

「わかりました。では、来週の月曜日の朝一にはその資料を持ってお客様のところに説明に行きますから。確実に金曜日中にはつくっておいてくださいね」とわりと強めの口調で言われてしまいました。

Gがみんなに聞こえるくらい大きな声で言ったので、周りのみんなは自分たちの仕事の手を一旦止めて二人のやり取りを聞いていました。

Gとの約束の金曜日になりました。

Gは夕方になってからTマネージャーの机にやってくると、「この間の資料できてます？」と聞いてきました。

「ん？　この間の資料ってなんだっけ？」と聞き返すと、Gはややキレ気味に答えました。

「ですから、来週の月曜日にお客様のところに提出したいと言っていたあの資料です！　金曜日中には終わらせるってお話だったじゃないですか！」

Tマネージャーは内心「しまった」と思いました。

「そうだった、すまない。まだできてないんだ。水曜日に急な仕事が入って、そっちにかかりきりだったんだよ」

「それは困ります。もうすでに、先方の社長とのアポを取り付けてあるんですよ。あなたが業績を上げろと言うから、こっちだって急いで仕事しているんです。それなのに、あなた自身が足を引っ張っているじゃないですか！」

この一件があってから、Gとの関係は部下と上司が逆転してしまったようでした。

その後、GはTマネージャーに対して、いろんな言質の取り方をしてきました。

Gから相談したいことがあると、呼び出されたTマネージャー。Gには挑戦してみたいプロジェクトがあるが自分の立場ではどうにもできないから、Tマネージャーの方から上に掛け合ってくれないか、と依頼します。

Tマネージャーは、この間Gに言われた資料を期限に間に合わせることができなかった負い目から、つい引き受けてしまいます。だがGの考えてきたプロジェクトは、予算がかかり過ぎて現実的とは言えなかった。そのことをGに伝えようと思いながらも、一週間が過ぎてしまいました。

そしてGに、「この間のプロジェクトの話、上に掛け合ってもらえました？」と聞かれてしまったのです。

Tマネージャーは、Gのプロジェクト案は現実的ではないとは言えず、

「いろいろ忙しくてね。まだ話してないんだ」とごまかしました。

するとGは、「まだ話してないって、一週間もあったのに！　どういうことですか！」とものすごい剣幕で怒ったそうです。

その後もGは、何かあるたびにTマネージャーの言質を取って、Tマネージャーよりも上に立とうとします。そういうことの繰り返しで、Tマネージャーはだんだん自分がGに追い込まれているような気分になってきました。

Gに「〇日までにこの企画書をまとめておいてくださいね」と言われると、それがプレッシャーになり、期限が迫ってくると、胃がキリキリしてくるし食欲もなくなってきたと言います。

近頃では、GはTマネージャーの予定は聞かず自分の都合で期限を切ってくるようになってきました。おまけに、いつもみんながいる前で約束させて、約束が守れなかった場合、Gはほかの社員に「あいつは無能だから」と陰口をたたくようになったと言います。

それを聞いているほかの社員たちも、自分のことを無能だと思っているのではないか、とTさんは言うのでした。

守れない約束はしない

Gは上司の言質を取って、弱みを握ることで上司より優位な立場に立ちたいタイプの人です。

しかも、みんなのいる前で上司の言質を取ることで、周囲の人を利用しています。要するに、「Tマネージャーは無能な人間だ」と思わせることに成功し、ついでに自分の地位を上げることにも成功しています。

Gのように、言質を取って弱みを握ることにだけ神経を研ぎ澄ませ、虎視眈々《こしたんたん》と上司の転落を狙っている部下はいくらでもいます。

こういう部下にできる対策は、主に次の二つです。

一つ目は、相手に言質を取られないようにすること。

事例からもわかるように、Tマネージャーは少々迂闊《うかつ》なところがあります。守れるかどうかわからない約束を、簡単にしてしまったり、部下に遠慮して自分の意見をきちんと伝えられなかったりしています。こうなると、相手に隙を与え、言質を取られやすくなってしまいます。

守れない約束はしないことです。

たとえば、部下に「いつまでにできますか?」と仕事の期限を聞かれたら、次のように答えるといいでしょう。

「できれば今週中につくりたいとは思うが、今ここでいつまでにできるという約束はできない。いつできるのかはっきりわかった時点でまた伝えるよ」と言えば、言質は取られません。

なんといっても上司ですから、これくらいのことを言っても部下から責められることはないはずです。仕事においては、突発的な事態が発生することも十分考えられますから、急ぎの仕事でない限り、期限を厳密に決めなくてもいいでしょう。

二つ目は、部下に敵だと思われないように、余計なことは言わないことです。たとえば、急ぎでもない仕事なのに「これ大事な仕事だから、今週中には絶対に資料出して」と、必要以上に部下に対して期限を迫るようなことは言わないこと。

それをし過ぎると、今度自分が期限に間に合わなかった場合、「なんだよ。自分にもできないことを人に要求するなんてひどい上司だ」と思われて逆に言質を取られてしまいます。

間違っても、高圧的に上から部下を叱りつけてはいけません。上から偉そうに言われても、誰も納得しないでしょうから。

第五章

一つの解決策としての「傾聴」

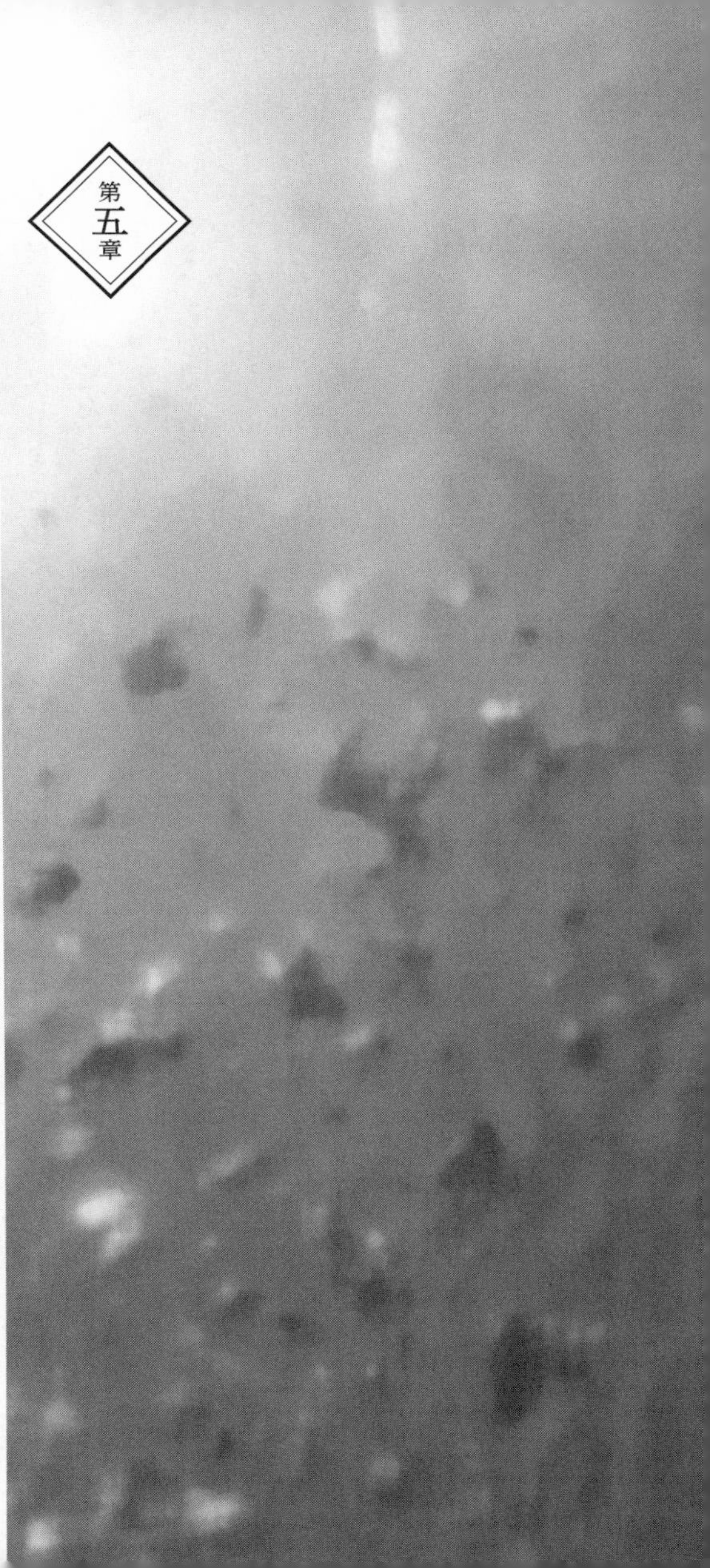

是非、身に付けていただきたいスキル

ここまで、職場のいじめのパターンについて述べてきました。対処法についても、なるべく挙げるようにしてきましたが、すべてのいじめを躱《かわ》すことができる万能の対処法があるわけではありません。残念なことですが、職場のいじめは、ある程度避けられない部分があることも事実です。

では、そのようないじめを受けている人は、今の仕打ちにただ必死に耐えるしかないのでしょうか。もちろん転職するという選択肢もあるでしょうが、スムーズに転職できる人ばかりではないでしょう。

そのような場合に、私がおすすめしたいのは、「傾聴」のスキルと習慣を身に付けていただくことです。

傾聴とは、一言で言うと、「相手の話を全身全霊で聴いて、『私はあなたの話をこんなふうに聴きましたよ』というレスポンスを示すこと」です。

「えっ、いじめられているときに磨くべきスキルが、『傾聴』?」と、ぴんと来ないかもしれません。確かに傾聴は、今のいじめがすぐに収まるようなスキルではありません。しか

し、長い目で見ると、「傾聴」のスキルほど、あなたの人生を支えてくれるものはないと私は確信しています。

なぜそんなことが言えるのか。そもそも「傾聴」とは、具体的には何をすることなのか。本章で、じっくりお伝えしたいと思います。

他者に寄り添う傾聴

耳を傾けて聴くと書く「傾聴」。心理学の分野やカウンセリングの場では、以前からよく使われている言葉でしたが、最近はビジネスの場や地域社会の中でも必要な能力として重要視されるようになってきました。

傾聴の概念を理解すれば、他者に対して思いやりを持つことが、社会の中や人生・生き方において、どれほど大事なのかがわかるようになります。

傾聴は、他人との信頼関係を築き、傾聴を通して自分自身を知り、感情のコントロールや情緒の安定を促します。いじめに特化して言い換えると、いじめられている人に思いを馳せることができ、いじめを俯瞰《ふかん》して見ることができるようになります。

また、傾聴を行うことで周囲との人間関係がよくなり、他者への理解も自己への理解も進んで自己肯定感が高まります。自分で自分の話をきちんと聴いて、自分を慰めたり、支えたりすることができます。この「自分で自分を慰める（支える）」というのはむなしい行為のように思われがちですが、実はメンタルヘルスにとって大変重要なことなのです。後で詳しく説明します。

私はカウンセリングや職場復帰支援、危機対応、メンタルヘルス講師の育成などを通して二十年以上に亘って傾聴を行ってきました。その過程で、私自身も人に寄り添うことがいかに大切かということを学び、実感してきました。

一般的な傾聴セミナーでは本質は学べない

傾聴というと、多くの人が、相手の話を遮《さえぎ》らずに聴く、相手を否定しない、真剣に聴く、親身になって聴く……というイメージを思い浮かべるでしょう。

企業などで行われている傾聴トレーニングや傾聴セミナーと呼ばれるもののほとんどが、これらのような事柄を「技法」として身に付けることを中心に行われています。傾聴の技法として、「うなずき」「あいづち」が大事だと教えます。

よくある傾聴のトレーニングは、次のようなものです。

まず二人一組になって話し役と聞き役とに分かれます。壁に向かっている人に話しかけます。だいたい、五分間くらいやってもらいます。その後、話し役に感想を聞いていきます。

「はい、五分終了しました。どうでしたか?」と講師が聞きます。

「壁に向かっている人に話しかけているので、聞いているのかどうか、わからなくなりました」といったような感想が聞かれます。

次は、お互い向かい合い、話し役は話して、聞き役はうなずきもあいづちも打たないでただ聞く。再び講師が話し役に感想を聞きます。

「向かい合っている分、独り言を言っている感じではないですが、相手が何の反応もしないので聞いてもらっている感じはしません」

最後に、聞き役にはうなずきとあいづちを入れてもらいます。

「どうでしたか?」と講師が聞くと、

「私が話すとうなずいてくれて、合間合間にあいづちが入るのでずいぶん話を聞いてもらっている実感がわきます」とたいていの話し役は答えてくれます。

一連の流れでおよそ三十分。それが終わると、今度は話し役と聞き役を交代して再びロールプレイを始めます。二人でおよそ六十分の傾聴トレーニングというのが定番です。

しかし、六十分もの時間を使っておきながら、受講者が学ぶのは、「人の話を聞くときには、うなずきとあいづちを入れると話しやすくなり、聞いてもらっている感じになる」というだけです。それだけのことなら、傾聴のトレーニングを受けていない小学生だってすでにできています。ましてや社会人相手の研修ともなると、多くの人がそんなことは日常的にやっていることだよな、と感じるのではないでしょうか。まして、そのトレーニングを受けて今後、何か行動が変わるのでしょうか。たぶん何も変わらないでしょう。ならば、それはまったく無意味な時間でしょう。

傾聴とは、「私はあなたの話をこう聴きましたよ」と伝え返すこと

傾聴とは、受信のスキルだけのことを言うのではありません。相手の話にうなずいたり、あいづちを打つだけでは、ほとんど傾聴スキルを活用していないことになります。

傾聴の本質は、相手の立場に立って聴いた上で、私はあなたの話をこう聴きましたよ、ということを伝え返すことです。ですから、傾聴トレーニングにおいて大事なのは、相手の気持ちを感じること。相手の言葉の背後にある感情を受け止め、共感や理解を示すことです。

「今、そのような状況になっているのですね。それは理解しました。あなたの焦っている気

持ちゃ、不安な気持ちも、感じました」と伝えるのです。そうすると相手は、「ああ、この人はちゃんとわかってくれた。聴いてくれたんだ」と安堵できるのです。

相手の話を聴いて、相手の気持ちを感じるのはとても難しいことです。いくら親身になって相手の立場になろうと努め必死に聴いても、そんなに簡単に相手の気持ちはわかりません。

相手の気持ちを感じるためには、全身全霊で相手の話を聴く必要があります。

まず、当然のことですが、相手の話に真摯に耳を傾けることが重要です。相手の話を否定的に捉えたり、偏見で見たり、自分の価値観で判断することをやめて聴くということです。話の途中で相手が黙ってしまったり、考え込んでしまった場合も、無理に話を聞き出すようなことはせず相手のペースに合わせましょう。

さらに、目を使って聴くことも重要です。すなわち、話しているときの相手の表情や姿勢、ちょっとしたしぐさなど非言語のコミュニケーションに気を配ります。非言語の行動には、言葉ではわからない本音が見え隠れしていることもありますので、注意深く観察することで見えてくるものがあります。

私たちプロカウンセラーは、メールや電話よりも対面のカウンセリングを重視します。なぜなら、メールや電話では相手の表情も声の調子も、カウンセリングルームまで歩いてくるときの歩き方や姿勢も、面談中の態度も何もわからないからです。

こうしたことから、相手の気持ちや、相手が何を求めているのかを探ってみてください。

「相手の気持ちを感じる」傾聴とは？

そして傾聴の本質とは、相手に「自分はあなたの話をこんなふうに聴きました、あなたはこんな気持ちになっているのですね」と伝えることです。そのことで、相手が自分の話を本当に聴いてくれたかどうか、確認することができます。「相手の気持ちを誤解していたらどうしよう」と思っても、ひるまずに伝えてみてください。

「今、あなたはトラブルを抱えて一人で解決できるかどうか、不安な気持ちがありますか？」と相手に伝え、相手が「そうじゃないんです。不安よりも、早く解決しなくちゃっていう焦りの気持ちの方が強いんです」と返されたとします。この場合、あなたの相手への理解は間違っていましたが、自分の気持ちを伝えることで、相手の本音が聞けて相手への理解が深まります。ですから、相手の気持ちを読み間違えてもいいのです。

聞き手が自分の気持ちを相手に伝え返さないで、「なるほど。そうですか。それでどうしました?」と聞いているだけではダメです。それだと相手は、「この人は私の言っていることをわかってくれているのだろうか?」と不安に感じます。これでは傾聴とは言えません。ただ、相手の気持ちを知るのは非常に難しいことで、そのスキルは一朝一夕《いっちょういっせき》で身に付くものではありません。ですから、私の「傾聴」の研修の場合、一時間三十分かけて話をして、相手の気持ちを知ることがどれだけ重要なのか、受講者の心を揺らしてわかっていただいた後、実際の生活や仕事で実践することで、少しずつそのスキルを高めていただくことを想定しています。すると、私の話をきちんと受け止めていただいた方は、必ず傾聴スキルが向上していきます。それはなぜか。ただ一つ、非常に重要なことが、その方の頭の中に入っているからです。すなわち、「人間関係において、『相手の気持ちを知る』ことよりも重要なことなどない」ということです。

「あなたはこんな気持ちなのですね」と伝えることには、大きな力がある

人の気持ちを感じ取り、相手に伝えることには、大きな力があります。たとえば、「もう自殺するしかない」とまで追い込まれた人を、救うこともできるのです。一人、具体例を挙げてみます。

そのクライエントは、社会人一年目の若者でした。彼は社会人になる前から自殺念慮（死にたい気持ち）に悩まされており、大学生の頃から病院を転々としていました。

彼が最初に受診したのは、総合病院の心療内科でした。この心療内科には一年ほど通いましたが、病状は改善しなかったそうです。そこで心療内科の先生に、心療内科よりも重い症状の患者を扱う精神科を紹介してもらい、二年ほど通院しました。ここでも症状は改善しません。

精神科医は多忙で、患者の話を聴くというよりも薬物療法が中心になる傾向があります。彼がかかった精神科の先生も、あまり話を聴いてくれなかったそうです。彼には精神病の病名がつくほど病的なところはないという診断がなされ、カウンセラーのカウンセリングを受けることを薦められたそうです。

私のところに来られたのは、精神科で紹介されたカウンセラーのところでカウンセリングを受けて一年半ほどたったときでした。相変わらず自殺念慮はおさまらず、むしろ死にたい気持ちがますます高まっているという状態でした。

彼が私のことを知ったのは、私の本を読んでのことでした。

彼は私に、こう告げました。「つい先日、自殺の衝動を抑えることができず、初めて自殺を試みましたが、運悪く助かりました。次に自殺を試みるときは、確実に死ねるようにします」。この言葉を聞いて、私が彼を救うことができなければ、彼は自殺をしてしまう、私が最後の砦《とりで》なのだろうと覚悟を決めました。

彼の話に全身全霊で耳を傾け、話を聴いて私がどう受け止めたのかを、丁寧に彼に伝えました。「とても辛いお気持ちだったのですね」「追い詰められて、逃げ場がなかったのですね」「もう自殺するしかないと思われたのですね」……。彼の長い話が終わったとき、彼は、もう自殺したいという気持ちはなくなったと言ってくれました。さらに、もし自殺したい気持ちが起こっても決して行動には移さないことも約束してくれました。

人が変わるために必要なことは何か。たった一つです。誰かが、その人の気持ちをきちんと感じ取ることです。そして、そのことを相手に伝えることです。そのことだけで、人は生きていけるのです。

傾聴する際に備えておくべき人間観

傾聴していく上での心構えとして、とても大事なことが一つあります。それは、「人は、自己実現の願望を持ち、努力をして実現を目指すことができる存在」という人間観を持つことです。この人間観を持てるかどうかで、相手の話を傾聴できるかどうかが決まってしまうといっても過言ではありません。

前半の「自己実現の願望を持ち」とは、人間は誰でも「自己実現欲求」を持っているということ。人は誰しも、こういう自分になりたい、ああいう夢をかなえたい、という期待や願い、希望をちゃんと持つことができる存在なのです。

後半の「努力をして実現を目指すことができる存在」というのは、「夢に向かって努力していけるのが人間の本来の在り方だ、ということ。こうなりたいという夢を持っていれば、しっかり努力できるのが人間なのだということです。これを「自己成長」と呼びます。

人間は誰でも、自己実現欲求を持ち、自己成長できる存在である。このような人間観を持っていれば、目の前の人の話を傾聴することができます。

この人間観を持っていなかったら、どうなるでしょう。上司に対して、「この上司は、『仕事を通して社会に貢献しよう』『上司や部下という役職にこだわらず、よりよいパフォーマンスが発揮できる組織づくりをこころがけよう』なんていう夢とか願望なんかないんだろうな。上役に取り入って出世したいだけなんだな」と見なしていれば、上司の話をちゃんと聞こうとは思わないでしょう。

同じように部下に対して、「こいつは入社して三年も経っているっていうのに、新入社員の頃と全然変わらないなあ。相変わらずミスが多いし、この先何を教えても成長する見込みはないな」という見方でしか部下を見られないと、フィルターがかかってしまって自分の立場からしか相手の話を聞くことができません。

「人間観」というからには、どんな人も、先ほど述べた見方があてはまるということです。どんな人でも、自己実現の願望を持ち、努力をして実現を目指すことができるのです。上司だろうが、部下だろうが、家族だろうが、子どもだろうが、まったく同じ人間観を持って接するべきです。

自己実現欲求を持ち、自己成長を始めるためにどうすればよいか

中には、自己実現欲求や、成長したいという気持ちを見失っている人もいます。

新入社員で会社に入った当初はやる気に溢れていて、「あれもやりたい、これもやりたい」と思っていた。五年後、十年後、二十年後のビジョンまで見えていた。それなのに入社して五年経った今は、「このまま今の仕事を続けていくべきなのか？」「もっと自分を活かせる仕事があるのではないか？」「今の仕事は自分に向いていないのではないか」「何に向かって努

力すればいいかわからなくなってしまった」と悩んでいる……こんな具合に、道を見失ってしまうときもあります。

新入社員で会社に入ってから定年を迎えるまで、右肩上がりに成長を続ける人などいません。長い社会人生活の中には、停滞している時期もあります。

ただ、中には最初からそうした気持ちがない人もいます。

特に行きたい会社ややりたい仕事があるわけでもなく、周りのみんなが就職活動をしているから自分もやって、たまたま就職試験に受かった会社に入った、というような人です。

会社に入っても、もともとやりたいものがないから、上司に指示された仕事をこなすだけの日々です。別にそれでいい、と本人は思っているかもしれませんが、心のどこかで空虚さを感じているかもしれません。自分にはどうしようもない、とあきらめている場合もあります。

しかし人間は、きっかけさえあれば、自己実現欲求を持ち、自己実現を始めることができるのです。その方はたまたま、自らの中にある「自己実現欲求」「自己成長」の芽を出すきっかけに恵まれていないだけなのです。

多くの場合、心を揺らすような強烈な体験が、「自己実現欲求」「自己成長」の芽が出るきっかけになります。強烈な経験を経ることで、人は気づきを得るからです。一見些細な出来事であっても、ある人にとっては大きなきっかけになった、ということもあり得ます。

ある動物写真家の方は、高校生のとき友だちの家に遊びに行き、そのときに友だちの肩に乗っていた子猫を見て、あまりのかわいさに感動して動物写真家になろうと決意したそうです。強烈な体験というのは、その人にとっての強烈さでいいのです。どんな些細な経験でも、自分にとって心が揺れれば、それが強烈な体験となります。

実際にあった経験でなくても構いません。映画や本を見て感動して心が揺さぶられれば、それがきっかけとなって自己実現欲求が生まれてくる場合もあるのです。

映画が人生を変えることもある

人生において実際に経験できることは限られています。ましてや、小説や映画の主人公のような人生を経験することは稀なことでしょう。自分が実際に経験していないことから、気づきを得て人生が変わったという人はたくさんいるのです。

著名人の方のインタビューなどを聞いていると、「あの本と出合わなければ、私の人生は今とはずいぶん違うものになっていた」「あの映画を観てから○○を志そうと思った」といったセリフをしばしば聞きます。もちろんこれは著名人に限った話ではありません。本や映画や音楽が、その人の人生を変えてしまうことは実際にあるのです。

ですから私は、できるだけ自分の心を揺らす作品に出合えるよう、意識して探してほしいと思っています。心が揺れるものに出合わなければ、気づきを得ることは難しいでしょう。

私自身のことで言うと、映画鑑賞が好きで年間で一〇〇本くらいは観ます。作品を選ぶときに心に留めていることは、感動できそうなものを優先して観ているということでしょうか。

実際に私は、数年ほど前に観た映画によって、人生がほんの少しだけ変わりました。

それは、二〇一六年にアメリカで製作されたミュージカル映画『ラ・ラ・ランド』です。

映画の舞台はロサンゼルス。カフェで働く女優志望のミア（エマ・ストーン）は、オーディションに落ちてばかり。落ち込んでいたある日、ミアは偶然入った場末のジャズバーでピアノを弾くセバスチャン（ライアン・ゴズリング）の演奏に魅せられてしまう。やがて二人は恋に落ちるというお話です。

私はセバスチャンがピアノを弾くシーンを観て、ミア同様にその演奏に魅せられてしまいました。「なんて素敵な曲なんだろう。こんな曲をピアノで弾けたらどんなに素晴らしいだろう」。そう思って、そこからすぐにピアノを始めました。

幸い自宅には、誰も使っていない電子ピアノがあったのですが、音符も読めない私はピアノ教室に通い一から勉強を始めました。最初は、ドの鍵盤はどれ？　レは？　というレベルでしたが、今は持ち運びができるキーボードを愛用して、旅行に行っても弾いています。その一曲が弾けるまでに一年かかりました。

こんなふうに、『ラ・ラ・ランド』は、私の心を揺らして、新たなチャレンジに導いてくれたのです。

傾聴も、強烈な体験になる

そして、傾聴を受けることが、心を揺らす「強烈な体験」になることもあります。

「あなたは今まで本当にそれを頑張ってきたんですね」「このようなことをされて、本当に悔しい思いをしてきたんですね」といった言葉を言ってもらえたら、心が揺れます。「ああ、この人はよくわかってくれた。ちゃんと理解してくれたんだ」と。

心が揺れると、人は、「自分のピュアな気持ちをどんどん話したい、どんなことでも聞いてほしい」という心境になります。これが、自己開示です。

自己開示を行うことで、人は初めて自分の問題を真正面から見ることができるようになります。自己開示ができていない状態だと、人は「自分を理解してくれていない上司が悪いよね」「手伝ってくれない同僚が悪いんだよね」「お客さんが理解してくれない。お客さんが悪いんだよね」など、周囲の人や環境のせいにしてしまって、それ以上考えなくなります。これを続けていても、何も変わりません。周りの環境が変わらないとどうしようもないという理屈になりますから、自分の力で道を切り開くことができなくなります。他人に左右される生き方だといえます。

でも、きちんと問題に真正面から向き合って、「あー、そうか。上司の態度が許せないとずっと思っていたけれども、その態度を取られたときに自分もカチンときて、ちょっと反発した態度を取ってたよな。同じだよね、やってることは。自分だけは、人からひどい態度を取られても、相手に対してそのような態度を取るのはやめよう」といった具合に、きちんと気づくことができれば、行動変容が起こります。

要は、行動変容が起こるから人生が変わるわけです。よりよい人生になるのです。でも、まず心が揺れて気づきが得られないと、行動変容は起こりません。だから、心が揺れる必要があります。

そして傾聴は、心が揺れるということを最も大切にします。心が揺れるからこそ、気づきを得ることができるようになるのです。

傾聴のプロセス

傾聴の人間観を持つと、きちんと相手の状況や気持ちが理解できるようになります。そして人間は、相手の気持ちが理解できると、その気持ちを大切にしたいという思いを抱くようになります。

多くの方は、これまで何回も「人間関係」を大切にしなければいけないと言われてきたかと思います。では具体的に何をすればいいのか。きちんと相手の気持ちを感じ取らないと、相手を大切にできませんよね。

相手を大切にすると、今度は、「相手を受容する」ということができるようになります。ここまでのプロセスが傾聴するということなのです。

整理をすると、まず、「人間は誰でも、自己実現欲求を持ち、自己成長できる存在である」という人間観を持つ。そして、相手の話を全身全霊で聴き、「私は、あなたの状況と、あなたの気持ちを、こんなふうに理解しました」と伝えること。相手の気持ちを理解すれば、相手は自己開示するようになります。そして、そんな相手を受容できるようになる。これが、傾聴のプロセスです。

「うなずき」や「あいづち」などは、言わば、どうでもいいことなのです。一番大事なのは、相手の立場になって聴くことです。そして、相手が今どんな感情を抱いているのかを想像することです。

その習慣を実践している人は、決して人を侮辱したり、攻撃したり、いじめたりすることはしなくなるでしょう。

でも、このような習慣がないと、他の人のことを蔑ろにする人間になってしまう危険性があります。そして、自分の都合で相手を思い通りに動かすことが幸福のカギだという価値観を持つようになってしまうのです。そのような価値観を持っている人の一部が、職場でいじめを引き起こしてしまいます。職場のいじめの問題が、心理学や精神医学の領域に属することは確かなことですが、その土台にあるのは「なんのために生きるのか」という人生観、哲学の領域の問題なのです。

相手が「見ているもの」と同じものを見る

傾聴の本質とは、相手の話をしっかり聴き、聞き手がその話をどう聴いたかを相手に伝えることだと述べました。こういう話をすると、伝えることをコンサルテーション（専門的な立場から助言を行う）と勘違いする人がいます。

部下が上司に仕事上のトラブルを抱えて相談したとしましょう。「何が問題なんだ？」「トラブルの原因はなんだと思う？」「そのトラブルにどう対処したの？」「お客さんへの説明はどこまで進んでるの？」「先方との合意はどこまでいってるの？」と矢継ぎ早に質問をする上司が多いのではないでしょうか。

一通り情報収集し終えると、今度は「そういうケースだったら、こうしなきゃダメじゃないか」と、ああしろ、こうしろと指示出しをします。これは、傾聴ではなく、コンサルテーションです。

もちろん、上司、部下の関係ですから、トラブルが起きたらそれに対処するために助言することは大切なのですが、それだけでは人間関係はうまくいきません。トラブルが起こって、部下は不安な気持ちでいっぱいになっています。そんなときに、ただ指示を出して仕事を収めることだけに終わってしまったら、部下のメンタルを不調に追い込むことにつながりかねません。

相手が悩んでいるとき、不安になっているときは、相手の立場になって話を聴くことが求められます。相手の立場になって聴くとはすなわち、相手と同じところを見ることです。この一点が、非常に重要なのです。

たとえば、部長、課長、部下がいたとします。部長が課長からの報告を聞いています。「今、トラブルが起きており、お客さんが困っています。自分の部下たちに『こう解決していこう』と指示しましたが、『じゃあ、今取り組んでいる仕事はやらなくていいんですね』とか『それは私の仕事じゃないと思うんですよね』とか、『そのやり方じゃダメですよ』などと反発を受けています」

このような状況のとき、課長は部長の顔を見ながら報告していますが、心中では顧客や部下の方を見ています。では、上司はどこに目を向けるべきか。「前にも同じアドバイスをしたのに成長しないやつだな」といった具合に、課長だけに目を向けてしまうと、人の立場ではなく自分の立場だけで考えることになります。そうではなく、課長と同じように、お客さんや部下と対峙するということを考えると、「そうか。早く解決しなければならないと思って、凄く焦っているのだろうな」「部下の反発を食らって、情けない、ふがいないという思いをしているのかな」などと、課長の気持ちを慮《おもんぱか》ることができるようになります。

そうすれば、問題の本質を理解することができ、課長の気持ちを汲むことで、課長も落ち着いて問題解決に取り組むことができるようになります。

上司の仕事はコンサルテーションだけでは不十分です。コンサルテーションにプラスして、傾聴も取り入れなければなりません。傾聴を行うことで、部下の不安は解消され、仕事をしっかり行うことができるようになるのです。

このように、上司は部下と同じところを見て、部下が今どういう状況に置かれているのか、どういう気持ちでいるのかを感じ取ることが必要なのです。ただ、相手とまったく同じところを見るというのは、不可能です。人はそれぞれみんな違いますから。

たとえば、友人が大切な人を亡くしてしまったとします。友人の立場になって話を聴きたいが、自分も大切な人を亡くしていなければ相手の立場に立って話を聴くことはできないのか、というと、そんなことはないはずです。

この場合、可能な限り友人の立場になって、友人と同じところを見るようにしようとすることで、本当の意味で友人の話を「聴く」ことができるようになるのです。可能な限り想像力を膨らませて、同じところを見ることを試みる。これが、「相手の立場になって聴く」ということです。

繰り返しますが、相手の気持ちを感じ取るだけではなく、感じ取ったものを相手にちゃんと伝えることが重要です。相手の気持ちを感じ取ることと、それを伝えることをセットにして初めて傾聴の効果が得られるのです。

妻の立場に立たずにアドバイスばかりする夫

相手の立場になって話を聴くことが難しいのは、上司、部下の関係に限りません。夫婦の会話でもよくあることです。

奥さんが子どもと公園デビューをしたけれど、近所のママたちの輪に入れない、と旦那さんに相談したとしましょう。そういうとき、たいていの旦那さんは奥さんの立場ではなく、自分の立場から話を聞いてしまいます。

男性は職場においては、問題解決ばかりしているので、「相談されたら解決策を出す」というスタンスで話を聞いてしまいがちです。奥さんに対しても、「近所のママたちが仲間に入れてくれないなら、別の公園に行けばいいいんじゃない?」といった具合に解決策を出して話を終わらせてしまいます。

旦那さんは奥さんの立場に立って話を聞かないから、アドバイスしてしまうわけです。しかし奥さんが求めているのは、解決策ではありません。今の自分の辛い気持ちをわかってほしいという、共感なのです。

父親の「アドバイス」が息子を追い詰めた

親子関係でも、傾聴は非常に役に立ちます。

数か月前、五十代の男性会社員が、大学生の息子のことで相談したいということで、訪ねてこられました。

男性の息子さんは就職活動中なのですが、ここ数か月は就職活動がまったくできていない、というお話でした。新型コロナウイルスの影響もあって、就職試験を受けてもことごとく不採用となり、とうとう息子さんはほとんど家から出られない状態にまでなってしまったというのです。

私は父親である相談者の方の話を聞いたところ、どうやらお父さんは、息子さんに、アドバイスばかりしているようでした。

「こんな状態で家に引きこもっていても何の解決にもならないぞ」とか「正社員と非正規社員とでは生涯賃金にかなりの差が出るんだから、今ここで正社員にならないと将来大変なことになるよ」とか「今は辛いかもしれないけど、とにかく面接を受けて面接慣れしておいた方がいい」などなど……。

これは傾聴とはまったくの別物です。その結果として、息子さんとお父さんのコミュニケーションもうまくいかなくなり、お父さんは途方に暮れてしまいました。

実は、これとまったく同じシチュエーションで、別の結果に至った事例がありました。そのお父さんはまず、息子さんがどのような思いでいるのかを探ろうとしました。それを日々の会話から探ろうとして、まずは釣りの話だけをすることにしました。

息子さんの趣味は釣りで、家に閉じこもっている間も、釣りにだけは出かけていたのです。お父さんは「どうだ。今度はどこの港に行ったんだ」「何が釣れたんだ」などと話しかけて息子さんとコミュニケーションを取り、やがて、「じゃあ、今度、連れてってくれ」と持ち掛け、父子は一緒に釣りに行くようになりました。

釣りの最中も、就職活動の話は一切しませんでした。「あの魚を釣るためには餌は何がいいかな」とか「仕掛けはどうしようか」と、釣りの話に終始します。その会話の中で、息子さんの方から、今の状況と気持ちをポツリポツリと口にするようになったのです。「本当は就職活動をしたいんだけど、何をやっていいかわかんないんだ」「エントリーシートを送った二〇社全部から不採用通知がきちゃって、とてもじゃないけども続けられないんだ」……。

お父さんは、それをちゃんと丁寧に聴いて、「ああ、そんなにいっぱい送ったけど全部ダメで、また送らなくちゃいけないというプレッシャーを凄く感じている状況なんだね」とか、あるいは「自分が世の中で認められてないみたい、不必要な人間なんじゃないか、そんな気持ちもあるのか」といったレスポンスをきめ細やかに行ったのです。そうしたところ、やがて息子さんはある企業から内定を得て、現在はつらつと働いているそうです。

このように、精神的に辛いときに、自分のことをわかってくれる存在がいることはとても心強いことなのです。そして、そのような存在になり得る第一の候補は、やはり親でしょう。

ですから私は前者のお父さんにも、子どもにアドバイスばかり送るのはやめて、まずお子さんの趣味の話だけをすることを薦めました。お二人の距離が、少しずつ近づいていくことを願っています。

傾聴を受けた側のメリット

先に示した実例では、就職活動がうまく行かず引きこもり状態になってしまった息子に対して、父親が傾聴することで息子さんは立ち直ることができました。このように、傾聴には、「傾聴を受けた側」と「傾聴を行う側」それぞれにメリットがあります。ここで改めて、それぞれのメリットについて整理してみましょう。まず、「傾聴を受けた側」のメリットです。

メリット① 辛さが軽減してネガティブな認知が変わっていく

自分の話を真摯に、かつ自分の側の立場になって聴いてもらえると、目の前の辛さや悲しみ、苦しさ、怒りなどのさまざまな感情が安らいでいきます。話すことによって怒りは収まっていき、不安な気持ちは和らぎ、緊張状態はほどけていきます。

思考の面も変わるでしょう。仕事で大きな失敗をした場合、「ああ、こんな失敗しちゃうなんて！　自分には能力がないんじゃないか」と捉えてしまうと、「周りもきっと、ダメなやつだと思っているに違いない。そんな会社にいてもずっと辛い思いをするだけだから、早く会社を辞めた方がいいんじゃないか」「たとえ別の会社に転職できたとしても、能力がないから同じじゃないか。だったら自分にはもう社会に出て働くことなんてできないんじゃないか」「いっそ死んでしまった方がいい」とマイナス思考のスパイラルにはまっていきます。

しかし、誰かひとりでも傾聴してくれる人がいれば、物事をありのままに見つめることができ、人は救われます。このように傾聴をしてもらうことで、感情面と思考面の両方が、よりよい方向に変わっていきます。

メリット②自己理解から自己受容へ、そして他者理解から他者受容へ

自分のことを人に話すと、それによって気持ちの整理や状況の整理が行われます。自分が置かれている立場や状況を理解できるようになると、たとえば「今の私は、上司の厳しい指導や叱責によって精神的に参っているな」といった具合に、自分の気持ちを客観視することができるようになります。これを自己理解といいます。

自己の気持ちや状況への理解が深まると、自己受容できるようになります。自分で自分のことを受け入れられるようになるわけです。

自己理解から自己受容へと進むと、他者理解につながっていきます。先ほどの例で言えば、自分に対して厳しい指導や叱責をしてくる上司の状況や気持ちがわかるようになっていきます。

「あの上司は、上役から厳しいノルマを課せられているから自分たち部下に対して厳しいんだな」とか、「あの上司は、部署内の人間関係がうまくいっていないから自分に当たるんだ

な」といった具合に、相手の状況や気持ちが理解できると、少しだけ上司のことを受け入れることができます。このように、他者理解ができるようになれば、相手を受け入れる「他者受容」につながっていきます。

一方で他者理解がまったくない状態だと、「なんでこの人は、こんなに怒ってばっかりなんだ。許せない！」という考えに留まってしまって、とてもじゃないですが上司を受け入れることなどできません。

まとめると、自己理解ができれば自己受容が進み、他者に思いを馳せることができるようになって他者理解ができ、さらに他者を受容することができる。この四つはすべてつながっているのです。

メリット③強烈な気づきを得ることで、行動変容が生まれる

そして、傾聴を受けることによる最大のメリットは、心が揺れることで、行動変容が起こることです。

行動が変わらない限り、人は変わったとは言えません。たとえばアルコール依存症の人が「もうお酒は一切飲まない。自分は変わったんだ」と口で言っているだけでは状況は何も変わりませんが、家の中からアルコール類をすべて破棄し、アルコール依存を治すカウンセリングに通い始めたら、アルコール依存の改善が期待できます。

では、行動変容は、何によって起こるのでしょうか。

行動変容が起こるのは、次の三つが揃ったときです。

①知らなかったことを知ること
②その知らなかったことが、自分の人生に影響を与える事柄であること
③心が揺れること

この三つが揃うと、強烈な気づきが得られます。どれか一つが欠けてしまうと、行動を変えるまでの気づきには至りません。

傾聴とは極論を言えば、強烈な気づきを得ることが、最終的な目標なのです。不安が軽減したとか、緊張が和らいだというレベルではなく、「ああ、これが自分の人生において大切なことだったんだ！」という強烈な気づきを得ることで、行動は初めて変わるのです。

そして、行動変容の要因となる三つの中で一番大事なのは、心が揺れることです。心の揺

れは、傾聴によってもたらされることがあります。誰かが話を聴いてくれて、「ああ、そんな状況で、この二週間ずっと辛い思いをしていたんだね」とか「最終的にはうまくいかなかったけど、いろんなことをやってみて、一生懸命、頑張ってたんだね」といった言葉をかけられ、「自分のことをわかってくれる人がいる」「自分を認めてくれている」という経験をすると、心が揺れます。心が揺れることが、強烈な気づきを生み、やがて、行動変容につながっていくのです。

以上のように、傾聴によって辛さが軽減したり、自己受容や他者受容が進み、行動が変容することによって、人生が豊かになっていきます。ですから、誰でも傾聴は受けた方がよいのです。

傾聴を行う側のメリット

傾聴という言葉からは、傾聴を受けた側（話を聴いてもらった人）だけしかメリットはないという印象を受けます。傾聴を行うのがカウンセラーだったら、カウンセラー自身は仕事で傾聴をしているのだから、クライエントだけに傾聴の効果があるのではと思ってしまうかもしれません。

しかし実際には、傾聴を行う側（話を聴いている人）にとっても、傾聴には多大なメリットがあるのです。

「傾聴を行う側」のメリットは、五つにまとめることができます。

メリット①　傾聴をしている側にも、行動変容が起こる

先ほど、傾聴を受けた側のメリットとして、心が揺れることが行動変容につながると述べました。実は、これとまったく同じことが、傾聴をしている側にも起こるのです。

傾聴を行った人は、目の前の人が心が揺れたり、気づきを得たり、行動変容が起こっているさまを目《ま》のあたりにして、「心が揺さぶられる経験」を自分事として疑似体験するのです。傾聴の相手に起こっていることは決して他人事ではないので、傾聴を行う側にとっても行動変容が起こるようになるのです。

メリット②　傾聴によって互いの人間関係がよくなる

傾聴を行うと、相手の気持ちや状況を理解するようになります。そして相手の気持ちがわかれば、相手の気持ちを大切にしたいと思うようになるものです。その気持ちは相手にも伝わりますから当然、人間関係がよくなります。

傾聴は、そもそも人を大切にする行為なのです。相手の話を聴きながら、相手の状況を把握しよう、相手は今どういう気持ちでいるのか感じ取りたい、感じ取ったら寄り添ってあげたい。その上で自分の言葉を伝え返したい、というのが傾聴です。

少し考えてみてください。「これまでの人生で、自分のことを本気で理解しようとしてくれたり、自分の立場になって話を聴いてくれた人が、どれほどいただろうか」と。それほど多くは、いなかったのではないでしょうか。

ですから傾聴をしてくれる人は、その人にとって、かけがえのない人になるのです。傾聴を行う人と受ける人の人間関係は、よくなって当たり前なのです。

メリット③　他者受容ができると自己受容につながる

傾聴において大切なのは、相手の立場になって聴くことです。相手の立場になって聴かなければ、相手の気持ちはわかりようがありませんから。

相手の立場になって聴くと、相手の気持ちに気づきやすく、感じやすくなります。人は、その人の気持ちを感じるからこそ、その気持ちを大切にしたいという気持ちが芽生えるのです。だから、相手のことを大切にできます。つまり相手の立場になって話を聴くことで相手を大切に思う気持ち（他者理解）が芽生えると、相手を受容（他者受容）できるようになります。

相手を受容できると、相手を受容できた自分という存在に対して、肯定的に捉えることができるようになります。すると、自分のことが好きになるし、自分のことがわかるようにもなります（自己理解）。最終的には、自分自身のことも受け入れる（自己受容）ことができるようになります。傾聴を受ける側の人と、ちょうど逆のことが起こるというわけです。

メリット④　相手の立場になって傾聴できれば、いじめる側になることはない

傾聴のプロセスの中で一番大事なのは、相手の立場になって相手の気持ちを感じ取ることです。このことさえ頭にあれば、その人は何があっても人を差別したり、侮辱したり、攻撃したり、いじめたりすることはありません。

ただ、いじめる人の話を傾聴の態度で聴けば相手は変わるのかというと、多少の変化はあるかもしれませんが、あまり多くは期待できないでしょう。いじめをなくすことは残念ながら容易なことではありません。傾聴をすればいじめる人が変わるわけではないのです。

ただ少なくとも、他人からいじめを受けている人が、別の人に刃《やいば》を向けていじめをしてしまう、ということはなくなります。

いじめを受けた人が、他者への攻撃欲を高めてしまうというのはよくあることです。上司からいじめを受けた人が、その腹いせに自分の部下をいじめてしまう、ということもあるでしょう。しかしそんなことをしてもなんの問題解決にもなりません。自分の心の傷をより広げてしまうだけです。

メリット⑤　傾聴できる人は自分自身の言葉も傾聴している

そして、傾聴を行うことの最大のメリットは、自分自身と対話することができるようになることです。

人はいろいろな人とコミュニケーションを取って生きていますが、誰と一番コミュニケーションを取る機会が多いのかというと、自分自身です。

たとえば、直属の上司が仕事で壁に突き当たっているとしましょう。部下であるあなたは、上司がどこで躓《つまず》いてしまったのかがわかっています。

「どこで躓いたのか、上司に伝えるべきだろうか？　でもそれを部下である自分が伝えてしまうと、ショックを受けてしまうかもしれない」「言わない方がいいのかな。でもこのまま黙っていると、同じような問題が起こったとき、上司はまた同じように壁に突き当たってしまうかもしれない」「やっぱりちょっとショックを受けても、あるいはちょっと傷ついても本人のためには言った方がいいよなあ」といった具合に。あなたはもう一人の自分と会話を続けています。

もう一人の自分との長い会話の後で、「よし、上司に言おう」と決心したとします。そのときには、散々迷った後なので、選び抜かれた言葉だけが出てきます。このように、他人と会話する時間よりも、もう一人の自分と会話する時間の方が、はるかに長いのです。

他者に対して傾聴を行っている人は、もう一人の自分に対しても、傾聴ができている人です。傾聴できていない人は、自分に対しても傾聴ができていません。別の言い方をすると、自分自身の言葉にさえ、耳を傾けることができません。

自分と最も多く話す相手が、傾聴ができる人なのか、傾聴ができない人か。この違いは非常に大きいと言えます。

傾聴ができない人の場合、もう一人の自分は、どんなふうに自分の話を聴いてくれるでしょうか。これは、時と場合によって変わってきます。言い換えれば、「もう一人の自分」が天使になるのか悪魔になるのかは、運に任せることになります。傾聴ができない人は、常に運に任せる人生になりかねないといえます。そして傾聴ができない人は、もう一人の自分も悪魔になりやすくなると思います。

悪魔は、「なんだよ、あの上司。何度も同じような失敗をして。本当に仕事ができないな。もうあの上司のことは、放っておこう。もうどうなっても知らない」と囁《ささや》くかもしれません。

あるいは自分が仕事で何か失敗してしまった場合も、もう一人の自分が悪魔だったら？「こんな初歩的なミスをしちゃって。何やってんだよ。お前なんか、能力ないよ。どんなに頑張ったって所詮、無理。とっとと会社辞めちゃえよ」「でも、辞めても、他の会社でも同じ失敗をするだろうな。社会人失格だよ」と、負のスパイラルの思考が続いてしまうでしょう。

これでは上司に対しても、自分自身に対してもあまりにもひどい態度です。もう一人の自分が悪魔だったら、当然人間関係はうまくいきません。自分自身も自信が持てずマイナス思考になって、自己肯定感が低くなってしまうでしょう。

もう一人の自分が、天使だったらどうでしょうか。

上司がミスをしてしまっても、どこに問題があったのか一緒に考えることができたかもしれません。もう一人の自分がミスをしてしまった場合も、「今回は失敗してしまったけど、これまでずっとミスをしないようにずっと頑張ってたじゃない。たまたま最後のところで確認不足で失敗になってしまったけど、それで学べることは多かったよね。次はこの失敗を教訓にして挽回すればいいよ」と自分を励ましてくれるでしょう。そうすると、マイナスのスパイラル思考に陥ることを、避けることができます。

そして、もう一人の自分が傾聴のできる人だったら、常に天使と会話できることになります。傾聴ができるということは、「人の気持ちを大切にする」ということであり、それはすなわち、自分の気持ちを大切にすることにもつながります。

傾聴は、一度始めるとやめられなくなる

カウンセラーは、いわば傾聴のプロですから、常に自分自身の言葉に耳を傾けています。カウンセラーの心の中にいるもう一人の自分は、もちろん天使です。天使がもう一人の自分なので、自分自身に対して前向きになれます。

傾聴を実践すればするほど、傾聴の効果が自分自身に返ってきます。他者も自分自身も受け入れることができるので、豊かな人間関係が育《はぐく》まれ、自分の成長や精神面の充実を実感することができます。だからでしょうか。カウンセラーを辞めようという人は聞いたことがありません。

職業としてカウンセリングを行うことはやめたとしても、傾聴をしようと常に意識して人の話を聴いて実践できている人の中で、「傾聴なんてもうやめてしまおう」と思っている人はおそらくいないでしょう。

なぜなら、そうした人は、自分専属のカウンセラーを雇っているようなものだからです。自分の話に真摯に耳を傾け、寄り添ってくれて、時には慰め、時には励ましてくれる。常に自分の味方でいてくれて、決して裏切ることがありません。自分を一番大切に思ってくれる人が二十四時間、三百六十五日そばにいてくれるのですから、誰も手放したりはしません。ですから今いじめを受けている人も、傾聴の習慣を身に付けることで、辛い感情は軽減されていきます。

相手の話を聴く際に、相手に悩みがあるなら聴いてあげなければと身構えて聴く必要はありません。相手が悩みを積極的に話してくるようであれば聞き役に回って、どんどん話してもらえばいいし、反対にあまり話したがらないようでしたら普通の雑談をしていればいいのです。雑談のときでも、ほんの少し傾聴を意識して聴けば、相手も自分も癒されます。

傾聴を行うことで自分自身の辛さも軽減できることは確かなのですが、今置かれている状況があまりにもひどい人――職場で壮絶ないじめにあっていて人の話を聴く余裕がない人、自殺を考えている人など――は、まずは身近で信頼の置ける人に傾聴してもらってください。

身近に話を聴いてくれる人がいない場合は、カウンセラー、心療内科、精神科などの専門家のいるところに相談に行きましょう。

専門家に相談するのは気が引けると考えている方もいるかもしれません。ですが、昔に比べればたいぶ一般的になってきており、症状が軽い人もたくさん相談に来ていますから、気軽にとはいかなくてもそこまで身構える必要はありません。

傾聴ができれば、愚痴ばかり聞いても疲れない

一般的に「人の話を聞くのは疲れる」とよく言われます。

「昨日、同僚と飲みに行ったんだけど、愚痴ばっかり聞かされて疲れた」とか「仕事から疲

れて帰ってきたら、妻がまくしたてるようにしゃべってくるからさらに疲れた」といった話をよく聞きます。

ですが、傾聴がきちんとできていれば、人の話を聴いていていて疲れることはありません。人の話を聞いていていて疲れてしまうのは、頭で聞いているからです。こういうときはうなずいて、ここではあいづちを打つといった具合に、技法にこだわる。さらに、相手の話に対して、アドバイスをしてあげようという問題解決思考で聞いたり、「何か相手が快く思えることを言ってあげよう」という気持ちで聞いたりする。このようにしていると、頭がフル回転してしまって疲れるのです。

私は仕事柄コンサルテーションをすることも多いのですが、コンサルテーションは本当に疲れます。私がやっているコンサルテーションでは、だいたい一時間くらい業務の問題を聞きます。その後、一番問題になっていることは何かを洗い出していき、相談者が実行可能な解決策を探っていきます。

さらに相談者だけでなく、周囲にいる利害関係者がどうなればよりよくなるのかまで考えていきます。これを一日に何人にもやりますから、コンサルテーションの日はクタクタになってしまいます。

一方でカウンセリングはどうかというと、それほど疲れません。

傾聴は相手の立場になって話を聴き、相手の気持ちを感じ取るものですから、解決思考とはまったく違う頭の使い方をします。どうやったら解決できるかと頭をフル回転させることではなく、相手に寄り添うのです。「この人は今、こんな気持ちでいるのかな」「こんな状況なら、辛いだろうな。大変だろうな」と相手の気持ちに焦点を当てるのです。

カウンセラーの中には、辛い話を聴くと自分まで辛くなってしまう、という人もいますが、こういう人は、傾聴のスキルと実践が足りないのです。

ただ、カウンセラーは傾聴のスキルだけが備わっていればよいものではありません。コンサルテーションのスキルも必要です。傾聴だけしていて、相手の気持ちに寄り添っても、問題の本質や核心をつかんでいなければ、問題解決できません。しかし、その前提として傾聴が必須なのです。

傾聴のスキルを磨くのに必要なことは、アドバイスや解決策を探すことではなく、まずは相手が今どんな気持ちでいるのかを感じ取る、そのことに尽きます。それさえつかめれば、あとは実践を積んでいくことでスキルはどんどん上がっていきます。

ただ誤解してほしくないのは、傾聴とは何かを理解してスキルを磨いても、そんなに簡単に実践の場で傾聴できるわけではないということです。傾聴の実践をはじめて最初の一、二年は、辛い思いをしている人の話を聴けば、自分も辛くなってしまいます。これは誰にでも起こりうることです。

しかしそんなふうに辛くなるのは最初だけで、三年、五年、十年と続けていけば、疲れて辛いといったデメリットよりも、メリットの方が大きいことに気づくことでしょう。ともかく、この本を読んで、傾聴の習慣をスタートさせてください。一朝一夕にはマスターできませんが、年を重ねていくと、相手の気持ちに焦点を当てる習慣のない人とは、雲泥《うんでい》の差が生まれてきます。

傾聴が浸透している職場は、いじめのアラートが早くなる

現在、私が企業から依頼を受けて行っているメンタルヘルス研修は、二十年以上かけて練り上げたカリキュラムを用いています。「このカリキュラムが最も効果があるだろう」と自分で納得できるカリキュラムで、今はこのカリキュラムしか提供していません。

研修は二日間かけて行い、傾聴についても九十分かけて講習を行います。そして二日間の

研修の最後に、受講者のみなさんにはアンケートを書いていただいたり、発表を行ってもらったりしています。「どんな気づきを得られたのか」「これからどんなことを実践したいか」といったことを伺うのですが、かなり多くの方が傾聴について取り上げてくださいます。「今まで傾聴を理解していたつもりでしたが、まったくわかっていなかった」「どれほど傾聴が人生を豊かにするかを知ることができた」「これからは本気になって部下に対して傾聴を行っていきたい」……。傾聴は、二日間のプログラムの中で、わずか九十分間しかないメニューです。それでも、大変多くの方が、私の傾聴の研修で、心を揺らしてくださっているのです。

研修後、実際にその企業がどう変わったかという報告もいただいています。傾聴への理解を深めることで、理不尽なことやいじめやパワハラなどについて以前よりも敏感になったという報告を数多くいただきました。

つまり、これまでよりも早くいじめのアラートが上がってくるようになったのです。今まで見て見ぬふりだった人たちが、声をあげるようになったということです。「新入社員に対してきつめに叱っている上司がいる」「中間管理職の人が上司と部下の板挟みにあっている」「あるチームの雰囲気が険悪。パワハラ上司の元でメンタル不調者が続出している」など、軽度なケースから深刻なものまで、逐一人事を担当するマネージャーなどに情報があがってくるようになったそうです。

被害が深刻なケースは、早めに専門家に相談するという方針になってきていて、私の方にも連絡が入るようになりました。そうなれば、大事になる前に私が危機対応として企業に介入することもできるようになります。

ある会社は、私が担当する二日間のメンタルヘルス研修を行う前は、会社の中でいじめがあっても、ほとんどの社員が見て見ぬふりでした。誰も関わろうとせず、ほとんど「なるようになれ」状態で、いじめが見過ごされてきたわけです。

それが研修後は、いじめを察知するや否や社内でアラートが上がるようになりました。少しずつ会社の雰囲気もよくなっていき、いじめもだいぶ減りました。私はその会社の以前の雰囲気を知っていますから、すごく成果が上がったな、と感心してしまいました。

ただ、残念ながら傾聴研修を行ったからといって、いじめ自体が完全になくなるわけではありません。それでも、会社の社員が傾聴を心得ていれば、いじめは少なくなります。

うちの会社では傾聴研修なんてやってもらえそうもない、という方もいるかと思います。そういった場合は、本書を読んで傾聴がどれほど大事なことなのかを理解していただき、職場の人たちに広めていただければ、社内の雰囲気も変わってくるのではないでしょうか。

本当の勇気とは、言いにくいことを言うこと

本書の中で繰り返しお伝えしていることですが、なぜいじめが起こるのかというと、自分を優先する人がいるからです。自分を優先して、他者に対して思いを馳せられないからいじめるのです。

傾聴をする人は、自分を優先するのではなく目の前の人を優先します。

ですから、本来はいじめている側の人たちに一番傾聴を理解して実践してほしいと思っていますが、彼らは簡単には変わりません。それでもほんの少しでもいいから、傾聴を理解してもらえれば救われる人はたくさんいます。

またいじめを見て見ぬふりをしていた傍観者にも、傾聴スキルを身に付けていってほしいと思います。傍観者が傾聴スキルを身に付ければ、いじめる側の人たちの圧力に同調したり、屈したりすることがなくなり、いじめへのアラートが早くなります。

そして、いじめを受けている側の人たちが傾聴スキルを身に付ければ、いじめの状況は変わらなくても、いじめの辛さは確実に軽減していきます。傾聴はいじめに関わる、三者に効

くのです。

傾聴に必要なのは、相手の話を相手の立場に立って聴いて、自分の思いをちゃんと伝えること。伝えるときに一番大事なことは、たった一つ、誠実さです。誠実であれば、自分の思いは相手の心に届きます。不誠実であれば、何を言っても届きません。

相手に誠実であることは、自分自身に対しても誠実であるということです。

自分が本当に誠実な対応ができているのか、確かめる方法があります。それは、自分が困難な立場や逆境に立たされたとき、そのことを素直に言えるかどうか。多くの人が、ためったり、ごまかしたり、先延ばしにしたり、隠したり、嘘を言ったりしてしまいます。たとえば仕事でミスをしてしまった場合、上司に言ったら怒られそうだから、ミスをごまかしたり、隠したりしてしまう人もいるかと思います。

誠実さとは、正直であること。言いにくいことを正直に言うには、勇気が必要です。本当の勇気とは、冒険に出たりすることではなく、どんなに話しづらいことでも素直に言うことです。

どんなに困難でも、辛くても、素直に言わなければいけないことが世の中にはあります。それを言わずにいると余計に苦しむことになります。言いにくいことを素直に言えたときに、苦しみから解放されその人は変わっていけるのです。

ディズニーの実写版映画『シンデレラ』の中でも、シンデレラは実の母が残してくれた「辛いことがあっても、勇気と優しさを忘れないで。それが魔法の力になる」という言葉を大切にして、その言葉に忠実に生きます。

これは映画の中だけのお話ではありません。

実生活において、職場でも家庭でも友人関係でも、勇気と優しさを忘れてはいけません。人を思いやる優しさと、言いにくいことも素直に言える勇気を持った誠実な人こそが、目の前の人を大切にできる人なのです。

「誠実さ」を貫いたマネージャーAさん

本章の最後に、部下に対して本物の思いやりを持っていた上司の例を紹介したいと思います。本書ではひどい上司の例ばかりあげてきましたが、世の中には本当に部下のことを第一に考える上司もいるのです。そのことを、本書のしめくくりとして、伝えておきたく思います。

米国のある会社が日本に参入しようとして、日本に法人をつくることになりました。その設立を準備するためのプロジェクトに、一人の日本人のマネージャーの方が高給でヘッドハンティングされて加わりました。

その方は大変部下思いの方で、部下も彼の指示によく従い、彼の期待通りに動いていました。このマネージャーのことを、仮にAさんとしましょう。

さて、その会社には彼の他に、本国から来たマネージャーもいて、法人ができるまで日本に滞在することになっていました。仮にBさんとしましょう。このBさんは、少し問題があるマネージャーでした。深く考えずに米国のやり方を日本に導入しようとして、日本人の部下から見れば合理的に思えない指示を下すのです。ですが、AさんがBさんと部下の間に立って、「みんなはあまり気が進まないかもしれないけれど、彼の指示はこういう理由でやはり大事なことだから、こんなふうに動いてみるのはどう？」といった具合に、両者の間をとりなしていました。

ですがあるとき、一つの事件が起こってしまいました。

Bさんが、客観的に見れば疑問視せざるを得ない、突拍子もない企画を考えて、実行に移そうとしたのですが、部下たちは誰も賛同しなかったそうです。Aさんも、この企画はさすがにやめた方がよいのではないかと思っており、Bさんと部下たちの間をとりなすのはやめて、Bさんに任せることにしました。

そうしたら案の定、部下の半分ぐらいはBさんの指示に従ったのですが、残りの半分は従いませんでした。結果的に、その企画はうまくいきませんでしたが、Bさんの指示に従わなかった部下がいたことを、Aさんの上司が問題視したのです。「会社として処罰を下すから、従わなかった部下のリストを出せ」と命じてきました。

このような場合、多くのマネージャーは、半ば部下を売るような形になったとしても、上司の命令に従ってリストを提出するのではないでしょうか。処罰といっても、部下に反省文を書かせて、処罰したという形を整えて、米国本社に報告すれば済むことでした。しかし、Aさんはこう返答したのです。

「私が部下に『Bマネージャーの指示に従いなさい』と言っていれば、きっと全員動いたでしょう。でも私も、Bマネージャーの企画には疑念を持ったので、そのような指示を出しませんでした。この案件は、指示を出さなかった私に責任があります。部下が悪いわけではないのです。ですから、部下のリストは出しません。私が、責任をとって辞めます」

Aさんは、将来、新しく立ち上がった日本法人で、幹部になることが約束されていた人材でした。しかもちょうどそのとき、一人目のお子さんが生まれたばかりでした。にもかかわらずAさんは、部下が反省文を書くことを避けるために、自分が職を失くすという選択をされたのです。自分にとって本当に大切なものを守るための決断だったと言えるでしょう。

このAさんの例を見ていると、私はどんなときにでも誠実でいるという姿勢がとても大事だし、それを貫くことはできるのだという思いを持ちます。そしてそんな方こそ、組織のリーダーにふさわしいのではないでしょうか。「傾聴」の習慣が広まり、部下を大切にするリーダーが一人でも増えることを、心から願います。

おわりに

企業に呼ばれてメンタルヘルス研修をすると、社員同士が思いやりを持って接していたり、気づかいや配慮ができている会社と、そうでない会社の違いはすぐわかります。

前者の会社は、人の話を聴くことの大切さがわかっているため、研修中に私の話を聴く態度が後者の会社とはまったく違うのです。前者の会社は、私がしゃべる言葉を一言一句聴き逃さない、という真剣な姿勢で聴いてくれます。後者の会社は、一応話を聞いてくれてはいますが、そこに真剣さは感じられません。どこか他人事という感じで聞いています。

前者の例を、一つ、紹介しましょう。

その会社の「人を大切にする」姿勢は、研修が始まる前から伝わってきました。私が研修前に控室に入ると、その会社の会長、社長、役員と、経営陣の方々が次々に丁寧な挨拶をしてくれたのです。ドライな会社の場合は、メンタルヘルス研修などは担当者に任せっきりで経営陣に会うことはまずありません。

研修が始まると、社員のみなさんの真剣な姿勢がひしひしと伝わってきました。あたかも

「一言一句聴き逃さないぞ」と全員が心に決めているかのようでした。その聴き方は、まさに傾聴そのものでした。前のめりの姿勢になり、話している私の方を凝視しています。こちらが何か言うと、深くうなずいて逐一メモを取ってくれていました。

この聴き方は、二日間の研修中一度も変わりませんでした。私はこれまで二十年以上メンタルヘルス研修をやってきましたが、ここまで真剣に研修に参加してくれた受講者に巡り合ったことはなく、強く心を揺さぶられました。そして、研修が二日目に入ってそろそろ終盤というときに、あるエピソードを話しながら、私はなんと号泣してしまったのです。これまでの二十年間、一度だって研修中に涙を流したことなどありませんでした。

そのエピソードは、きちんと相手に伝えることがどれほど重要か、ということを伝えるためのものでした。これまで何度も研修で話してきたエピソードだったのですが、その研修の場では私自身が話の内容に引き込まれてしまったのです。

それくらい、受講者の方々が素晴らしい聴き方をしてくれた、ということなのでしょう。泣きながら受講者の方を見ると、驚くべきことに、半分くらいの方々が同じように涙を流していました。私の涙を見て、もらい泣きをされたのでしょうか。会場全体が一つになれたような経験でした。

この会社の社員の方々は、どうしてそこまで人の話を真剣に聴くことができたのでしょうか。

それは社内において、思いやりを大事にする姿勢が行き渡っているからです。会社全体が他者に思いを馳せることに重きを置いており、それが末端の社員にまで浸透しているのです。「人を大切にせよ」という理念が掲げられ、社内で実践されているのです。

その会社では、担当者はもちろんのこと、経営層に至るまで、多くの社員がメンタルヘルスについて学んでいるようでした。会長は「私は、社員への理念教育にずっと力を入れてきました。理念教育の場では、社員はしょっちゅう涙を流しますよ。話していて私もしょっちゅう涙を流します」とおっしゃっていました。さらに私の本も社員全員に配るため、会社が事前に買っていて研修前に読んでいてくれたのです。そこまで社員全員に気を配り、メンタルヘルスの大切さを重視している会社はなかなかありません。

しかし、この会社のように経営層が率先してメンタルヘルスの大切さを説き、社員一人ひとりを大切にする会社が増えれば、職場のいじめはかなり減っていくでしょう。

そして、他人への思いやりを大切にする人がさらに増えていけば、職場だけでなく、SN

Sでの誹謗中傷、ママ友、趣味のサークルなどでのいじめも減少し、日本社会そのものが変わっていくはずです。

微力ながら、本書が大人のいじめを減らすことの一助を担えれば、これに勝る喜びはありません。

最後になりましたが、本書の企画から完成までの過程で、PHP研究所の西村健さん、編集協力の石井綾子さんに、大変お世話になりました。この場をお借りして改めて感謝申し上げます。

二〇二一年八月

見波利幸

PHP新書
PHP INTERFACE
https://www.php.co.jp/

見波利幸［みなみ・としゆき］

1961年生まれ。大学卒業後、外資系コンピューターメーカーなどを経て、98年に野村総合研究所に入社。主席研究員としてメンタルヘルスの研究調査、研修開発に携わり、日本のメンタルヘルス研修の草分けとして活躍。2015年より日本メンタルヘルス講師認定協会（http://www.j-mot.or.jp/）の代表理事に就任。20年かけて開発した2日間の「ヒューマンスキルを強化するマネジメント研修」は大企業を中心に絶大な支持を得ている。著書に『心が折れる職場』『上司が壊す職場』（以上、日経プレミアシリーズ）など多数。

E-mail tminami@j-mot.or.jp

構成　石井綾子

平気で他人をいじめる大人たち　（PHP新書 1275）

二〇二一年九月二十八日　第一版第一刷

著者――見波利幸
発行者――後藤淳一
発行所――株式会社PHP研究所
東京本部――〒135-8137 江東区豊洲5-6-52
第一制作部 ☎03-3520-9615（編集）
普及部 ☎03-3520-9630（販売）
京都本部――〒601-8411 京都市南区西九条北ノ内町11
組版――アイムデザイン株式会社
装幀者――芦澤泰偉＋児崎雅淑
印刷所
製本所――図書印刷株式会社

ISBN978-4-569-85024-5

PHP新書刊行にあたって

「繁栄を通じて平和と幸福を」(PEACE and HAPPINESS through PROSPERITY)の願いのもと、PHP研究所が創設されて今年で五十周年を迎えます。その歩みは、日本人が先の戦争を乗り越え、並々ならぬ努力を続けて、今日の繁栄を築き上げてきた軌跡に重なります。

しかし、平和で豊かな生活を手にした現在、多くの日本人は、自分が何のために生きているのか、どのように生きていきたいのかを、見失いつつあるように思われます。そして、その間にも、日本国内や世界のみならず地球規模での大きな変化が日々生起し、解決すべき問題となって私たちのもとに押し寄せてきます。

このような時代に人生の確かな価値を見出し、生きる喜びに満ちあふれた社会を実現するために、いま何が求められているのでしょうか。それは、先達が培ってきた知恵を紡ぎ直すこと、その上で自分たち一人一人がおかれた現実と進むべき未来について丹念に考えていくこと以外にはありません。

その営みは、単なる知識に終わらない深い思索へ、そしてよく生きるための哲学への旅でもあります。弊所が創設五十周年を迎えましたのを機に、PHP新書を創刊し、この新たな旅を読者と共に歩んでいきたいと思っています。多くの読者の共感と支援を心よりお願いいたします。

一九九六年十月

PHP研究所